Heinz Bensberg

So war es seinerzeit

Heinz Bensberg

So war es seinerzeit

Einblicke über das historische und gesellschaftliche Leben im Siegerland

Bloggingbooks

Impressum / Imprint
Bibliografische Information der Deutschen Nationalbibliothek: Die Deutsche Nationalbibliothek verzeichnet diese Publikation in der Deutschen Nationalbibliografie; detaillierte bibliografische Daten sind im Internet über http://dnb.d-nb.de abrufbar.
Alle in diesem Buch genannten Marken und Produktnamen unterliegen warenzeichen-, marken- oder patentrechtlichem Schutz bzw. sind Warenzeichen oder eingetragene Warenzeichen der jeweiligen Inhaber. Die Wiedergabe von Marken, Produktnamen, Gebrauchsnamen, Handelsnamen, Warenbezeichnungen u.s.w. in diesem Werk berechtigt auch ohne besondere Kennzeichnung nicht zu der Annahme, dass solche Namen im Sinne der Warenzeichen- und Markenschutzgesetzgebung als frei zu betrachten wären und daher von jedermann benutzt werden dürften.

Bibliographic information published by the Deutsche Nationalbibliothek: The Deutsche Nationalbibliothek lists this publication in the Deutsche Nationalbibliografie; detailed bibliographic data are available in the Internet at http://dnb.d-nb.de.
Any brand names and product names mentioned in this book are subject to trademark, brand or patent protection and are trademarks or registered trademarks of their respective holders. The use of brand names, product names, common names, trade names, product descriptions etc. even without a particular marking in this work is in no way to be construed to mean that such names may be regarded as unrestricted in respect of trademark and brand protection legislation and could thus be used by anyone.

Coverbild / Cover image: www.ingimage.com

Verlag / Publisher:
Bloggingbooks
ist ein Imprint der / is a trademark of
OmniScriptum GmbH & Co. KG
Heinrich-Böcking-Str. 6-8, 66121 Saarbrücken, Deutschland / Germany
Email: info@bloggingbooks.de

Herstellung: siehe letzte Seite /
Printed at: see last page
ISBN: 978-3-8417-7189-6

Inhaltsverzeichnis

Vorwort

Nach „Historisches wird lebendig" und „Vergangenes kehrt zurück" berichtet der Autor auch in seinem dritten Buch **„ So war es seinerzeit "** wieder über Kulturgut aus der Vergangenheit! Es soll Einblicke über das historische und gesellschaftliche Leben im Siegerland geben und dazu beitragen, die Vergangenheit etwas zu erhellen und ein Interesse lange vor unserer Zeit zu erwecken.

Wer weiß schon, dass der Erfinder des Flugzeugschleudersitzes ein Siegerländer war und auch den inoffiziellen Ballon Weltrekord hatte. Oder, dass ein Siegerländer mit einem Holzvergaser-Traktor auf den Großglockner gefahren ist, ein Ofen den Busanhänger erwärmte und die Schulkinder für den Briefträger den Weg im Schnee fest treten (dabbeln) mussten.

Sowie der Landesfürst die Religion bestimmte, der Handel auf dem Lande verboten wurde und der Siegerländer Sagenbaum einst mächtig blühte. Dass die Glocken zu jeder Gelegenheit riefen und die Tankfüllung auch im Rucksack war. und die grauenvollsten Minuten von Siegen. Aber auch, wie ein Industriestandort vom Reckhämmerchen bis zum Weltmarktführer verändert wird.

Heute wird über die gute alte Zeit gesprochen. Gab es sie wirklich? Der Leser kann sich die Frage, wenn er die Bücher liest, selbst beantworten. Ich wünsche auch diesem Heimatbüchlein, dass es eine große Anzahl interessierter Leser findet.

Allen, die zum Gelingen des Werkes beigetragen haben, sei an dieser Stelle herzlich gedankt. Ein besonderer Dank gilt auch dieses mal wieder dem Hilchenbacher Stadtarchivar und Museumsleiter Herrn Reinhard Gämlich, sowie Frau Valentina Rudenco vom Verlag „ Bloggingbooks ", Saarbrücken.

Allen Leserinnen und Lesern wünsche ich anregende und unterhaltsame Stunden.

Glück Auf !

Heinz Bensberg

Hilchenbach im April 2015

Vorwort

1. Die Glocken riefen zu jeder Gelegenheit

Die uralten Wallburgen im Siegerland

Zu den bedeutendsten Bauwerken im Siegerlande aus alter Zeit gehören ohne Zweifel die Wallburgen. Im Kreis Siegen haben wir fünf solcher Burgen. Sie werden auch Volks-, Flucht- oder Fliehburgen genannt, da in Kriegszeiten das Volk einst hierein flüchtete. Die sechste, die ehemals den Gipfel des Hohenseelbachskopf umschirmte, ist seit Jahrzehnten den Basaltsteinbrüchen zum Opfer gefallen. Die Ringwälle dieser sogenannten Burgen umgaben in runder oder ovaler Form die Gipfel von einzelnen, meist steilen und hohen Bergen. Eine ständige Bewohnung dieser Burgen hat es selten gegeben. Allerdings sollen auch welche jahrhundertelang bewohnt gewesen sein.

Die größte und bedeutendste dieser Festungen befindet sich auf dem aufragenden Kegel der 633 m hohen Alten Burg bei Afholderbach. Hier ist immerhin die enorme Fläche von 10 ha, was 100 000 m² entspricht, von zwei ovalen Wallzügen umschlossen. Der innere Wall ist 650 m lang mit einer Breite von 10 m und 3 m Höhe. Die Erdmassen sind unmittelbar neben dem Wall im Inneren ausgehoben worden. Hierdurch ist ein Graben entstanden, der kaum Verteidigungswert gehabt haben dürfte. Der zweite Wall, der etwas davor liegt, ist kleiner, besonders da, wo das Gelände steil abfällt. Im Süden und Westen ist dieses gewaltige Bauwerk, was mit sehr großem Arbeitsaufwand und geschickter Anpassung an die Bergformen erbaut worden ist, unterbrochen. Hier haben wohl die Tore der Festung gestanden. Bestimmt sind im Belagerungsfall diese Öffnungen durch gewaltige Holzbauwerke geschlossen worden und haben so den Burginsassen Schutz vor den Feinden gewährt.

Wie ein feindlicher Bruder der Alten Burg gegenüber bei Netphen liegt noch eine weitere kleine Fliehburg. Eine unvollendete Wallburg ist auf dem 598 m hohen Burgberg, wovon Burbach seinen Namen erhalten hat. Auch der sagenreiche

Kindelsberg mit seinem weitausblickenden Turm, zwischen Littfeld und Müsen gelegen, wird von einem Ringwall umschlossen. Anfang des 13. Jahrhunderts ließ Graf Heinrich der Reiche von Nassau auf dem Ginsberg bei Grund, inmitten eines alten Ringwalles, eine Burg errichten. Die Bezeichnung hierfür hieß einst "Castrum novum" (neue Burg) und deutet darauf hin, dass schon eine Festung hier gestanden hat.

Da ähnliche Fliehburgen, leider nicht im Siegerland, ausführlich erforscht worden sind, können wir uns ein Bild von dem ursprünglichen Zustand dieser Burgwälle machen. Die Wälle waren damals senkrecht durch starke Stämme oder Trockenmauerwerk verstärkt aufgebaut. Die ursprüngliche Höhe war zu jener Zeit 4 bis 6 m. In etlichen Jahrhunderten sind die Dämme auseinandergefallen. Das Erdreich ist in der Hauptsache nach außen in den Graben abgerutscht und hat ihn zum größten Teil gefüllt. An der Außenkante waren stellenweise Baumstämme, die etwa 1,3 m über dem Erdwall herausstanden. Es war die sogenannte Brustwehr. Hinter diesen Stämmen standen einst die Verteidiger mit ihren Wurf- und Schleudergeschossen und hielten damit die angreifenden Feinde ab.

Die Angreifer hatten erst einen breiten, in der Tiefe spitz zulaufenden Graben zu überwinden, ehe sie Leitern anlegen konnten oder mit geschickten Kletterversuchen die Ersteigung des Walles zu unternehmen. Dies war, wenn die Verteidiger achtgaben, kaum möglich. So erscheinen diese Wallburgen zur damaligen Zeit als fast sturmsichere Festung, die nur durch lange Belagerung einzunehmen war. Diese Vorgehensweise, die man die Aushungerung nannte, dürfte auch nicht leicht gewesen sein. Da diese Burgen mit zum Teil gewaltigem Umfang Viehherden aufnehmen konnten, ja vielleicht auch Flächen zum Körneranbau boten. Diese Fliehburgen waren in der Regel nicht ständig bewohnt, sondern boten lediglich bei Feindeseinfällen, und dies war nicht selten, der Bevölkerung der Umgebung mit ihrer beweglichen Habe Zuflucht und Schutz. Erst etwa um 900 im Feudalismus wurde mit dem Bau von Herren- bzw. Ritterburgen begonnen, die im Volksmund viel bekannter sind.

Bei Rittershausen, nahe der Siegerländer Grenze, ist eine Wallburg durch Ausgrabungen erforscht worden. Kleine Scherben und ein Halsring aus Bronze waren die ältesten Funde aus der Hallstatt - Zeit 800 - 500 vor Christi. Die meisten Findlinge waren aus der älteren Latene - Zeit 500 bis 200 vor der Zeitrechnung, wo man schon vorzugsweise Eisen für Waffen und Werkzeuge verwendete. Die Funde der jüngeren Latene - Zeit 200 bis Christi Geburt - sind germanischen Ursprungs. Die Kelten sollen diese Burg jahrhundertelang bewohnt und darin Eisen verhüttet haben, bis sie von den Germanen erstürmt worden ist.

Geht auch ein Teil unserer Siegerländer Wallburgen bis in die graue Vorzeit zurück? Wo Kämpfe stattgefunden haben zwischen den eingesessenen Kelten und den von Osten eindringenden Germanen. Die Kelten unterlagen schließlich und wurden nach Frankreich zurückgedrängt.

Macht und Gewalt des Düwels verdrive ich

Siegerländer Glocken waren einst Mahnerinnen mit kurzem Wort und zierlichem Reim. Im lateinischen Vers und deutschen Lied verkündigen sie von Freud und Leid. Aber auch von Glauben und Hoffen, von Krieg und Frieden, sowie vom begrabenen Glaubensstreit. Lasst uns über jene Zeiten, als man die Glocken unserer Heimat zwischen dem 14. und 18. Jahrhundert goss, doch mal nachdenken.

Wenden wir uns zunächst der Königin der Siegerländer Glocken zu, die in der Nikolaikirche hängt und 1970 Kilogramm wiegt. Sie zeigt auf drei zierlichen Schildern den Heiland, als Kind auf Mutters Armen, den Mann am Kreuze und als Verklärten auf dem Himmelsthrone. In metallischen Lettern steht auf ihr der lateinische Spruch (auf deutsch etwa): „Mutter Christi, o schaue mit deinem Sohne, du Fraue, Huldvoll herab den Gefilden und wehre den Feinden, den wilden, Das der Stadt mein Geläute nur Freude und Friede bedeute!"* Seinerzeit wurde sie auch Sturmglocke genannt, da sie die Bürger, wenn Gefahr drohte, alarmieren musste. Du ehrwürdigste und stattlichste von allen, als man dich Anno 1335 goss, da war es im Siegerland gut bestellt. Die aufblühende Hauptstadt Siegen bekam vom Kölner Erzbischof, zum Ärger des nassauischen Grafen alle Sonderrechte. Zu dieser Zeit kämpften, wie schon mehrmals zuvor, zwei Männer um die deutsche Kaiserkrone. Es war diesmal ein Bayer und ein Österreicher.

Der Bayer Ludwig erstritt die Krone. Man verbot ihm sie zu tragen, bis der Papst dies, nach Wahl mit den Bischöfen, bestätigt hatte. Ein endloser Glaubenskrieg zwischen Kirche und Staat begann. Ludwig zog daraufhin nach Rom, erklärte den Papst für abgesetzt und ließ sich von den Römern zum Kaiser wählen.

Schlicht und einfach „Jesus! Maria!" steht auf der aus dem 14. Jahrhundert stammenden Glocke in Niederdresselndorf. Auch die alte Mittagsglocke der Nikoaikirche stammt aus dieser Zeit. Auf ihr sind neben zwei lateinischen auch vier deutsche Reimzeilen hinzugefügt. Die lateinischen kann man so verdeutlichen: „Für die Ernte ich flehe und sing' euch in Wohl und in Wehe. König, du der Ehr', friedvoll zu uns kehr!"

Alle Glocken unseres Heimatlandes aus dem 14. und 15. Jahrhundert sind vor allem Maria, der Mutter Gottes, geweiht worden. Nur die Martiniglocke auf der Siegener Martinikirche und die in Stift Keppel bilden eine Ausnahme. Sie tragen, soweit erkennbar keinen Weihenamen. Aber die Uhrglocke der Siegener Nikolaikirche ruft. „Ave Maria!" „Sei gegrüßt, Maria!*' Auch die ältere der beiden auf dem Rödgen ehren Maria. Auf der größeren der beiden Glocken von Holzhausen von 1459 wird in lateinisch Maria gedacht. In deutsch geht es weiter: „Den Donner brech ich, den Toden beweine ich, den Kirchenschänder beruf ich." Die Kleinere neun Jahre ältere ehrt auch die Mutter in lateinisch und weiter in deutsch: „Du König der Ehren, komme mit deinem Frieden!"

Das 16. Jahrhundert hatte noch keinen dauerhaften Frieden im Kampf mit den Geistern gebracht, wenn manch einem das auch so schien. So gössen die Oberholzklauer 1588 auf Ihre neue Glocke „Zv reiner Lehr Und zu Gottes Ehr Berufe ich meine Nachbaurn zu mir." Anfang des selben Jahrhunderts schrieb diese Gemeinde im Jahre 1512 u.a. noch auf eine:" De Macht und Gewalt des Düwels verdrieven ich." Auch auf die des Siegerländer Rüth (Rödchen) goß man in jenen Jahren den selben treuherzigen Glauben vom Teufelsvertreibcn. „Maria heischen ich, De Macht und Gewalt des Düwels verdrive ich." Ja, so deutete man damals das Wesen der Glocken. Ähnlich die germanische Volksmeinung, dass die Glocke geläutet den Donner und den Blitz ablenke. Wie heißt es doch in Schillers Lied, von der Glocke „Lebende ruf ich, Tote beklag' ich, Blitze verjag ich."

Das Kreuztaler Glöcklein von 1682 rief „Heiliger Antonius, bitt für uns!" in den Lärm der Kriegsheere die gegen Ludwig XIV. zogen. Gegen ihn schickte auch das Siegerland seinen liebsten Sohn den Fürsten Moritz ins Feld. Den Helden von Brasilien und Freund des Großen - Kurfürsten nennen als Landesherren zwei Glocken jener Zeit. Es ist die Krombacher Anno 1665 und die Freudenberger von 1661. „Lebt dir die Stimme, so singe, und regen die Arme sich, springe, Treibe nur jegliches Werk, aber dem Herren zur Ehr!", dies steht u.a. auf der Freudenberger. Der Spruch verbirgt zwar Frohsinn und Freude, es war aber keine wahre Freude, sondern nur Sehnsucht nach Frieden und Schutz gegen Feinde. Der Spruch klingt aber auch wie ein Dankgebet für das Ende des dreißigjährigen Krieges unter dem auch das Siegerland, mit der erbarmungslosen Pest, bitter gelitten hat.

Die Älteste aus dem 18. Jahrhundert ist die Netpher Martinsglocke von 1717. Sie spricht von Kaiser Carl dem 6., dass er auch König von Spanien war usw. Zu dieser Zeit da rief manche Kirchenglocke den Bruder gegen den Bruder zum trauervollen Straßenkampf. Da wies auch manche den armen Bergmann den Weg übers Wasser nach Amerika. Lieber in der Fremde eine neue Heimat gründen, als in Unfrieden zu Hause leben und armseliges Brot essen.

1755 rief die große Glocke in Oberfischbach „Ich dien in Freud' und Leid, zu Fest und anderen Zeiten." Die Kleinere fährt artig fort „ruf ich zum Gottesdienst die Leut' von allen Seiten." Aber auch in französisch halten sie die Reformation fest. Sinngemäß kann man diesen Spruch folgendermaßen deuten. Wir beide sind reformiert, es bedeutet neu auf Kosten der reformierten Gemeinde geformt worden. Was hat uns die jüngste Glocke dieser Aufzeichnung aus Neunkirchen zu verkünden. „1790 Soli Deo Giona!" Gott allein die Ehre? Zu dieser Zeit stießen blutige Sturmwolken über den Rhein nach hier. Viele schnaufende Rosse zogen rasselnde Kanonen auch durch das arme Siegerland und zerstampften Äcker und Wiesen. Und die Glocke musste seine Gemeinde auch zum Dankgebet für die Siege zusammenrufen. Wie viele andere, so wurden auch Siegerländer Glocken im 2. Weltkrieg eingezogen und Ihr Metall in der Rüstungsindustrie verwendet. Deswegen lässt uns die Glocke auch in Zukunft als Mahnerin erschallen. Ihr Herz ist zwar aus Metall gegossen, doch keinem Menschen bleibt es verschlossen.

Siegerländer Sagenbaum blühte einst mächtig

Die vielverheißenden Worte: „Es war einmal…." klingen noch manch einem aus fernen Kindertagen lieblich im Ohr. Meistens wurden aber die Märchen der Gebrüder Grimm erzählt, da die heimischen Sagen zu wenig bekannt und unerfasst waren. Allgemeiner Bekanntheit erfreuten sich nur die Sagen vom Kindelsberg, vom Altenberg, vom Untergang der Hohenseelbachsburg sowie vom Raubritter Hübner, trotzdem es viele Siegerländer Erzählungen gab. Sagen traten oft in Gegenden hervor, die mit Naturschätzen und – Schönheiten gesegnet sind und eine geschichtliche Vergangenheit haben. Aber auch die Bewohner müssen mit reichem Geistesleben, reger Phantasie und tiefem Gemüt ausgestattet sein. Traf dies nicht alles einst auf das Siegerland und dessen Bewohner zu?

Unsere bucklige Heimat hat mancher Sage zum Leben verholfen. Deswegen sind die meisten Erzählungen verknüpft mit romantischen Orten bzw. Bergen. Da unsere Heimat reichhaltig bewaldet war, traten die alten Waldgeister oft in Erscheinung. Hierbei haben wir es mit einer bösen Rasse dieser Geisterwesen zu tun. Sie erscheinen u. a. in der bösen Sage von den wilden Weibern zu Rinsdorf und Oberdresselndorf, die der Menschen Feinde waren und sie knechten wollten. Die Taten dieser und anderer Geister schrieb man auf das Konto des Teufels, der manchmal mit glühenden Augen, Schwanz, Ziegenbart oder Pferdefuß erschien.

Deswegen sind heute noch solche Orte mit Namen Teufelsloch, -bruch und – kanzel vorhanden.

Da es im Siegerland aus wirtschaftlichen Gründen einst sehr viele Gräben und Weiher gab, kommen die Wassergeister und Nixen oft vor. So lassen sie den Hyazinthen im stummen Loch in Siegen ein feuchtes Grab finden. Auch den Fuhrmann, der eingeschlafen ist, reißen sie samt Wagen in den Weiher von Steinbachskopf und das Müllerskind von Littfeld nimmt die Nixe in ihren nassen Arm. Verschiedene Quellen waren ehemals im Volke heilig. In mancher soll rotes Gold auf dem Grunde geschimmert haben, so im Goldborn in der Obernau.

Auch die Eigenart einer heimatlichen Scholle haben Sagen geprägt. Denken wir nur an die oft in Nebel gehüllte Ginsberger Heide, die die Erzählungen von Hans Hübner, vom Ritter mit dem schwarzen Pferd und vom gestraften Priester gebar. Es haben sogar ungewöhnliche Steinformen die Einbildungskraft des Volkes beschäftigt. So gab der große Stein bei Wilden die Veranlassung zur Sage vom Grab des Raubritters. Auch von dem Gemswart bei Niederschelden entstand eine entsprechende Überlieferung.

Kirchen- und Klostererzählungen, z. B. in Rödgen, Marienborn und Irmgarteichen waren bei uns zu Hause. Auch Teile von Kirchen waren eingebunden. So die Geschichte von der Krombacher Gnadenglocke. Selbst Familienleben kommt in den Siegerländer Überlieferungen zum Ausdruck, so unter anderen wie selbst im Tode Mutter Agnes und Kind noch innig vereint waren. Der Wittgensteiner Ritter, der mit dem Riesen um sein geliebtes Töchterchen kämpft. Oder, wie die eheliche Treue bei der Zerstörung der Hohenseelbachsburg zum Ausdruck kommt, wo die Rittersfrau ihr Kostbarstes, ihren Gatten, auf den Rücken davon trägt.

Die Rechtsauffassung war bei unseren Alten stark ausgeprägt. Trotzdem wurden, da jeder Quadratmeter Boden bearbeitet war, öfters auch die Grenzsteine versetzt. So sollen einst die Grenzsteinverrücker in Oechelhausen und Afholderbach niemals Ruhe gefunden haben. Sie mussten immer mit dem Grenzstein auf der Schulter umherlaufen bis das Recht wieder hergestellt war.

An Plätzen, an denen sich eine Mordtat zugetragen hatte, haftete der Fluch der bösen Tat. Deshalb will dem Boden der Ginsberger Heide kaum Leben entsprießen. Die Gräber standen hoch im Kurs und niemand durfte ihre Stätte durch Tat und Wort entweihen. Geschieht es dennoch, ertönte grauenhafter Donner und die Schänder fielen entseelt zu Boden. So hat ein Mädchen aus Hilchenbach einst angegeben, nachts einen Stock in den Grabhügel seiner Mutter zu stecken. Bei diesem Hergang öffnete sich das Grab, eine weiße Hand kam heraus und schmetterte die Frevlerin zu Boden. Am anderen Tage fand man sie fast tot neben dem Grabe liegen.

Wenn auch verschiedene Erzählungen verwandtschaftliche Züge mit denen aus anderen Gegenden aufweisen, so können wir doch behaupten, dass der Siegerländer Sagenbaum einst mächtig blühte.

2. Es wurde zusammengehalten

Stroh, Lehm und Holz waren die Baustoffe

Da ein natürlicher, brauchbarer Baustein im Siegerland nicht vorhanden war, bestand der Baustoff für das bodenständige Fachwerkhaus seinerzeit meistens aus Holz, Lehm und Roggenstroh. Die Grauwackenbänke, aus den zahlreich vorhandenen Steinbrüchen, erbrachten für den Haussockel genug Steine. Auch Lehm war in den Talhängen reichlich vorhanden. Aber durch die Niederwaldwirtschaft herrschte stets Mangel an kräftigem Bauholz, was meistens aus dicken Eichenbalken bestand. Da über 77% des Siegerländer Waldes einst aus Hauberg bestand, kam dieses Holz aus den Randgebieten der staatlichen Hochwälder, oder es wurde aus den Nachbargebieten heran gekarrt.

Nach dem das Hausgerippe nun endlich stand, kamen zwischen die Balken Flechtwerke aus Holz, die der Hauberg lieferte. Nun wurden die einzelnen Gefacher mit einem Lehm und Strohgemisch verkleidet. Zum Schluß zog man mit einem Besen über die fertigen Wände noch Figuren. Es war die Herstellung des Lehmfachwerkes und wurde seinerzeit Klaiben genannt.

Sehr aufschlussreich fur die Entwicklung der Siegerländer Baustoffindustrie waren die so wichtigen Bedachungsstoffe. Und dies war bei uns damals das haltbare Haubergsroggenstroh, was reichhaltig vorhanden war. Dieses handgedroschene (Maschinendrusch zerdrückt den Halm) Winterroggenstroh wurde in mehreren Schichten 35 bis 40 cm dick unter Zuhilfenahme einer Rundnadel mit einem 1,5 mm dicken Kupfer- oder verzinkten Draht regelrecht auf Rundhölzer fachgerecht aufgenäht. Die klimatischen gleichbleibenden Temperaturen unter solch einem Weichdach, wie es auch genannt wurde, waren hervorragend. Um diese Verhältnisse heute zu erreichen, muss eine sehr kostspielige dicke Dämmung verwendet werden. Aber auch die ständigen Erschütterungen von einem großen

Siegerländer Auswurfhammer konnte solch ein Dach ohne Beschädigung verkraften. Aus diesem Grunde war es sogar vorgeschrieben, dass auch die Gebäude der Hütten- und Hammerwerke mit Roggenstroh belegt werden mussten.

Das Strohdach wurde von dem Dachschiefer in der Stadt Siegen, die damals durch die Schmiedekunst wohlhabend war, besonders nach dem großen Brand von 1695 immer mehr verdrängt. So ist es auch nicht verwunderlich, dass Siegen 1782 nur noch acht Strohdächer hatte. Dagegen war auf dem Lande dieses Dach, was keine Dachrinne hatte, noch weiterhin dominierend. Weil für die Verschieferung die erforderliche Bretterverschalung, bedingt durch die Haubergswirtschaft, sehr rar und teuer war. Die Lebensdauer von solch einem bemoosten Siegerländer Strohdach betrug 30 bis 50 Jahre. Bei guter Pflege hielt es sogar bis 100 Jahre, wie das letzte Dahlbrucher Strohdach, was erst 1943 verschwand. Erst nach Aufforstung von Fichten, bedingt durch den Rückgang der Schälwaldwirtschaft, sowie die Eröffnung der Sieg - Ruhr Bahnlinie 1861, wurde die Verschieferung von Dach und Wetterseiten durch billigeren Bezug von Fichtenborden immer mehr ausgeführt.

Diese Entwicklung begünstigte die Betriebe der Schiefergruben in unserem Heimatland. Bei Eiserfeld soll schon im 14. Jahrhundert Schiefer gebrochen worden sein. Die bedeutendsten Schiefergruben waren im Leimbachtal bei Siegen. Diese Gruben, die einen haltbaren farbbeständigen Schiefer lieferten, waren von 1777 bis 1905 und von 1947 bis 1949 in Betrieb. Solange die einheimischen Schiefergruben den Bedarf für die Heimat abdecken konnten, kam der Dachziegel hier kaum vor. Sie konnten jedoch den Preiskampf trotz hervorragender Güte, bedingt durch den unterirdischen Abbau und die schwierige Bearbeitbarkeit, mit den Schiefergraben aus dem Sauerland und Wittgenstein (Raumland), sowie nach Bahnanschluss von Thüringen, Mittelrhein oder von der Mosel, nicht standhalten.

Um 1880 kam noch das im Siegerlande hergestellte Stahlblech als Dach- und Wandbekleidung hinzu. Da es billiger als die anderen Baustoffe war und eine geringere Angriffsfläche für den Wind besaß, wurde es zunächst in den nicht so wohlhabenden Dörfern und am stürmereichen Hochlandrand verwendet. So drang das Blech, besonders in und nach dem zweiten Weltkrieg, immer mehr ins innere des Siegerlandes und auch bis nach Siegen vor. Nicht um das Ortsbild zu verschönern, sondern ganz einfach aus wirtschaftlichen Zwängen wurden solche Maßnahmen ausgeführt. Hoffentlich werden viele herrliche alte Fachwerkfassaden, die heute noch hinter den verschiedenen Materialien verborgen sind, demnächst zur Freude für uns alle wieder sichtbar werden.

Als das Siegerland nach Preußen eingemeindet wurde

Als das Siegerland am 31. Mai 1815 nach Preußen kam, waren hier 220 Erzgruben in Betrieb. Das Erz wurde damals in dem alten Fürstentum Siegerland von 10 Eisen- und sechs Stahlhütten geschmolzen und dann von 14 Stahl-, sieben Eisen- und 13 Reckhämmern weiter verarbeitet. Hinzu kamen noch sechs Hütten und ein Stahlhammer des Freiengrundes, dass mit dem Hickengrund zum Kreis Siegen geschlagen wurde. Der Sitz der Schwerindustrie war seinerzeit zu Recht im Siegerland. Auf seinem hervorragenden Eisen, vor allem auf dem Müsener Stahl, geruhten die Stärke und der Ruhm der Siegener Wirtschaft. In der Tat gab es kein zweites Gebiet in Deutschland, wo auf so engem Raum so viel Eisenindustrie war, wie im Siegerland.

Neben der Eisenindustrie war das Siegerland auch durch sein hervorragendes Leder, was die Gerbereien herstellten, bekannt. Es gab seinerzeit 62 Gerbereien in unserem Heimatland, die die Eichenlohe der Hauberge verarbeiteten. Die größten und sichersten Abnehmer vom Siegerländer Leder waren die preußische - und sächsische Heeresverwaltung sowie die Reichsmarine. Das Leder war bestens für Militärstiefel geeignet. Man wollte nicht den Fehler machen, wie andere Länder, dass ganze Armeen im Winter wegen schlechtem Schuhwerk kampfunfähig wurden. Neben den bergischen - und märkischen Gebieten galt das ehemalige Fürstentum Siegen als wertvollste Erwerbung für Preußen. Denn im Jahre 1817 brachte von 14 Kreisen des Bezirks Arnsberg der Siegener den größten Steuerertrag auf.

Im Jahre 1818 hatte das Siegerland 33.100 Einwohner. In den einzelnen Ämtern bzw. Städten wohnten hiervon in Burbach 5.832, Eiserfeld 987, Ferndorf 2.172, Freudenberg 3.077, Hilchenbach 874, Keppel 2.336, Netphen 6.768, Siegen 4.087, Weidenau 3.247 und in Wilnsdorf 2.720 Personen.

Im Jahre 1826 wurde der Landtag neu gebildet. Er sollte den Landrat in der Verwaltung unterstützen, war aber in seiner Tätigkeit beschränkt, da er keine eigenen Einkünfte hatte. Er bestand aus dem Beisitzer des Ritterguts Burgholdinghausens und aus zwei Abgeordneten der Stadt Siegen. Weiterhin aus je einem Abgeordneten der Städte Freudenberg und Hilchenbach und je einem der Landgemeinden aus den Ämtern Weidenau, Wilnsdorf, Freudenberg, Netphen, Keppel, Ferndorf und Burbach.

Im Siegerland waren noch weitere Gewerbe beheimatet, aber sie waren alle nicht so dominierend, wie Eisen und Leder. Auch der Ackerbau spielte bei dem rauen Klima und dem steinigen Boden nur eine untergeordnete Rolle. Selbst die Viehzucht hätte nicht einmal dem Bauer ihren Unterhalt gegeben, wenn nicht die Wald- und Haubergswirtschaft zur Hilfe gekommen wäre.

Ausgerechnet die ruhmreiche Eisenindustrie bereitete nun dem Siegerland und Preußen die größte Sorge. Die Betriebsordnungen mit ihren Beschränkungen, wobei manche Hütten nur 70 bis 80 Tage im Jahr arbeiten durften, passten nicht mehr in die Wirtschaftstheorie der neuen Zeit. Sie waren in dem Kleinstaat Siegerland entstanden und konnten in der Großmacht Preußen nicht fortbestehen. Der ständige Holzmangel im Siegerland und die damit verbundene Holzkohlenknappheit haben schon sehr früh zur Festlegung der Zahl der Betriebe und ihrer Betriebszeit geführt.

Vertreter Preußens müssen bei den Übergabeverhandlungen den Siegerländern die Wahrung ihrer alten Ordnung versprochen haben. Die neue Hütten- und

Hammerordnung vom 25. Januar 1830 brachte zwar viele Änderungen, hielt aber an den alten Grundzügen fest. Die neue Ordnung ermöglichte, z. B. den Hüttenwerken, die stillgelegt werden mussten, die Veräußerung ihrer privilegierten Hüttenbetriebszeit an noch bestehende Hüttenbetriebe. Aus sozialer Sicht war diese Ordnung schon gut, aber tatkräftige Unternehmer sahen sie als Fessel an. Man muss sich schon fragen, ob es wirklich gut war, den Siegerländern bei den Beitrittsverhandlungen so entgegen zu kommen. Der Nachbarstaat Nassau, in dem es ähnliche Verhältnisse gab, hat den Beweis angetreten, dass es ohne Aufrechterhaltung der alten Verordnungen ging.

So schmolzen die alten Verordnungen langsam dahin und nicht immer ohne Ärger. So gab es für die Freigabe des Holzkohlenpreises großen Ärger. Der Zwischenhandel nahm sich der Sache an und für die Hütten und Hämmer wurde die Holzkohle immer teurer. 1837 forderten die Hilchenbacher Gewerbetreibenden die Wiederherstellung des alten Zustandes, weil sich jetzt nur die Händler unerhöhte Gewinne in die Tasche steckten, während Landmann und Kohlenbrenner verarmten.

Der Kreis Siegen hatte nur eine befestigte Chaussee, als er nach Preußen kam. Sie führte von Krombach über Siegen zur Kalteiche. Im südlichen Teil wurde sie Wetterauer Straße genannt. Die Mainzer Straße von Wilnsdorf über Burbach zur Grenze war noch nicht fertig und nur zum Teil befahrbar. Aber unzählige Hohlwege führten kreuz und quer durch das strebsame Siegerland und sind heute noch an vielen Stellen, wenn auch längst mit dicken Bäumen bewachsen, zu sehen. Da man eine wirtschaftliche Öffnung benötigte, wurden die Straßen von Olpe nach Kirchen und von Kreuztal nach Erndtebrück dank der preußischen Zollpolitik schnell gebaut. Bereits am 1. November 1834 wurde die Wittgensteiner Straße, die in Allenbach und Lützel Chausseegelderhebungsstellen besaß, für den Verkehr freigegeben. Etwa 5.000 hochbeladene Karren Holzkohle wurden jährlich aus dem Wittgensteiner Land nach den Hütten und Hämmer ins Ferndorftal gekarrt. Die Holzkohle aus dem Wittgensteiner Land war der Hauptgrund für den Bau der Straße.

In die preußische Zollpolitik wurde natürlich auch das Siegerland eingezogen. Der Erlass des Zollgesetzes von 1818 fand hier kaum Zustimmung. Dieses Zollgesetz schuf aber die Grundlage einer einheitlich preußischen Handelspolitik und man konnte die Wirtschaft damit schon steuern. Es gab regelrechte Zollämter an den Grenzen. Überall, wo es Grenzen gibt, wird auch geschmuggelt. Dies war auch im Siegerland seinerzeit nicht anders. Die Hauptschmuggelware war Branntwein, Wein, Kaffee, Gewürz, Tabak, Salz und Zucker.

Die preußische Zollpolitik weckte auch Unternehmergeist und so entstanden die Eisengießereien der Geb. Klein in Dahlbruch und die der Erben von Engelhard Achenbach zu Marienborn. Auch der Siegener Johann Öchelhäuser ließ 1820 die erste und, als er 1836 Bürgermeister war, die zweite Papierfabrik bauen.

Weder Zollgesetz noch Zollverein brachten für den Holzkohlebezug bzw. für die Hütten keine große Verbesserung. Der Hütten- und Hammerbesitzer Schleifenbaum in Fickenhütten, der die Markterweiterung befürwortete, sagte mit Recht: „Die Siegener Hütten könnten jetzt mit Vorteil betrieben werden, wenn nur endlich die unpolitische Beschränkung des Betriebs auf 70 bis 80 Tage im Jahr auf Grund von unzeitgemäßen Kurbriefen aus dem 16. Jahrhundert aufgehoben würde."

Die Hämmer dagegen, die mit Wasserkraft angetrieben wurden, verstanden es die Markterweiterung zu nutzen. Sie erreichten zwar nicht die volle Betriebsausnutzung, arbeiteten aber immerhin 220 bis 250 Tage im Jahr. In den trockenen Sommertagen, wenn kein Wasser vorhanden war, und zur Frostperiode im Winter konnten sich die Wasserräder natürlich nicht drehen. Aus dieser Zeit stammt auch das alte fast vergessene Siegerländer Sprichwort: „Ha m'r Wasser, da drenke m'r Wing. Ha m'r ken Wasser bliwe m'r de Heim." (Haben wir Wasser, da trinken wir Wein. Haben wir kein Wasser, bleiben wir zu Hause.)

Der Rutenschläger wurde mißtrauisch betrachtet

Im Siegerland, sowie in den benachbarten Kreisen Olpe und Altenkirchen waren gangartige Vorkommen von Spateisenstein vorhanden, was im Ausgehenden oft Brauneisenstein wurde. Nebenbei kam u. a. auch Blei, Kupfer, Silber und Zink vor, die bei der Verarbeitung Schwefelgase freigaben. Aus diesem Grunde durften diese Nebenmineralien wegen des Blütenstandes nicht im Frühjahr verarbeitet werden. 6 - 7 % Mangan enthielt der rohe Spateisenstein und eignete sich besonders zur Herstellung von Stahleisen. Stahl ist ein hochwertiges und festes Eisen und zum Schmieden besonders geeignet. Einen geringeren Mangangehalt hatte dagegen der Brauneisenstein und war somit leichtschmelziger. Er konnte daher schon früher mit einfachen Mitteln zu Roheisen geschmolzen werden. Dies konnte zu Gußeisen, aber auch zu weichem Schmiedeeisen verarbeitet werden. Besonders leicht wurden die sogenannten Mollstücke in den ausgehenden Gängen flüssig. Deswegen ist anzunehmen, dass bei uns im Siegerland zu Beginn der Eisenverarbeitung fast ausschließlich diese Mollstücke geschmolzen wurden.

Solange das Roheisen noch auf einfache Art und Weise in selbst hergerichteten Anlagen ohne kostspielige Hilfsmittel hergestellt und verarbeitet wurde, waren es noch Handwerksbetriebe. Seitdem man aber im 15. Jahrhundert die Wasserkraft nutzte und den natürlichen Luftstrom durch einen künstlichen ersetzte, wurden größere Mengen von Roheisen erwirtschaftet.

Die alte Waldschmiede reichte nun nicht mehr und es entstanden an den Wasserläufen neue Werksanlagen, die sogenannten Hütten und Hämmer. Da der Bau dieser Betriebe für den einzelnen viel zu kostspielig war, wurden frühzeitig bei uns Gesellschaftsunternehmen gegründet. Auch die Landesregierung sah den wirtschaftlichen Wert ein und ließ einige Werke bauen, die zum Teil erst um 1900 in Privatbesitz übergingen.

Durch Kauf und Erbschaft wurden die Besitzanteile mit der Zeit oft auf viele Eigentümer verteilt. So war es durchaus möglich, dass man Gruben- sowie Hütten-

und Hämmeranteile besaß und überall für sich selber arbeitete. Die, die mehrere Anteile hatten, ließen Leute für sich arbeiten. Die Teilhaber schlossen sich zusammen und bildeten eine Gewerkschaft und nannten sich Gewerken. Auch heute noch ist bei älteren Siegerländer Menschen das Wort Gewerke im Sprachgebrauch.

Wenn auch viele Teilhaber vorhanden waren, so lag der Verkauf bei den Hüttenprodukten in den Händen von einzelnen Gewerken. Von den Hämmern allerdings wurde das Erzeugnis - die geschmiedete Ware - durch die Reitmeister verkauft.

Durch Eigenlöhnern wurden oft die Gruben betrieben. Sie schürften auf eigene Gefahr und verkauften die Erze an die Hüttengewerken. An den wenig nutzbringenden Gruben und dies waren viele, war das Eigentumsrecht früher nicht so genau geregelt. Durch Freifahren trat später ein häufiger Besitzwechsel ein. Als durch Gesetze der Bergbau geregelt war, entstand der neue Grubenbetrieb oft in folgender Art und Weise: Im Freien schürften die Bergleute zunächst einen Gang. Wurden sie fündig, nahmen sie auf ihn Mutung (Gesuch an die Bergbehörde, um Verleihung des Bergwerkseigentums).

Die Wünschelrute spielte hierbei im Siegerland keine so große Rolle, wie zum Beispiel im Harz, wo man auch auf eine über 1000jährige Bergbaugeschichte zurückblicken kann. Der Rutenschläger wurde bei uns immer etwas mißtrauisch betrachtet. An den Gangzügen orientierte sich der praktische Siegerländer lieber.

Wenn nun später ein Stollenbau entstand, konnten die Schürfer, die im Grubenbesitz waren, die Kosten meistens nicht tragen. Um die Lasten nun erschwinglich zu gestalten, bot man begüterten Gewerken einen Teil seiner Grube an, sozusagen eine Anzahl Kuxe. Die neuen Teilhaber mussten nun für die ganze Zubuße aufkommen, während der im Besitz der Schürfer gebliebene Teil zubußefrei (ohne Geldzuschuss) bergte.

Vor dem Bau der Eisenbahnlinie wurden die Erze im eigenen Lande, sprich in unmittelbarer Nähe verhüttet. Es ging auch nur ein Teil des Roheisens außerhalb des Siegerlandes, andererseits mussten auch Holzkohlen aus den Nachbarkreisen bezogen werden. Die Erze waren leicht zu schmelzen und brauchten daher nur geringen Kalkzuschlag. Der Kalk musste von der Dill bzw. der Lenne beschafft werden. Gehandelt wurden von den Siegerländern hauptsächlich die geschmiedeten Erzeugnisse.

Zweimal im Jahr war eine große Eisenmesse in Lüdenscheid. Auf ihr wurden die Geschäfte abgeschlossen und alte Rechnungen beglichen. Hierhin zogen die Siegerländer Fabrikanten und Gewerken zu Wagen und zu Pferde mit aufgeschnalltem Mantelsack und zu Fuß. Hier ging es oft heiß her und der Handschlag war das Dokument. Manchmal ließen die Siegerländer allerdings auch das Kinn hängen, denn die Zeiten waren oft recht schlecht, gerade so, wie heute in der Stahlbranche.

Die Zunftkiste stand in der Nikolaikirche

Bevor Massenbläser und Hammerschmieden in Erscheinung traten, waren die Stahlschmiede da. Mit Recht kann man darauf schließen, dass dieses Schmiedehandwerk bereits im 13. Jahrhundert in der Stadt Siegen blühte. Innerhalb der Stadtmauern waren diese Kleinschmieden fast ausschließlich zu Hause. Nach hier brachte man den für die Stahl Verformung besonders geeigneten Eisenstein.

Das Schmiedehandwerk der Stadt hatte noch einige Jahrzehnte nach Nutzung der Wasserkraft Bestand. Da in den Stadtmauern aber keine Wasserkraft zur Verfügung stand, wurde es später langsam unrentabel und man verlagerte sich, beginnend um die Wende des 15. Jahrhunderts, aufs Land. Es gab schon gewisse Realitäten. So wohnten die Männer der Stahlschmiede in der Stadt, denn Siegen war der eigentliche Ort der ältesten Stahlverformung im Siegerland, aber die Massenbläser und die Hammerschiede verstreut auf dem Lande. So ist es auch erklärlich, dass die Stahlschmieden, wie die anderen üblichen Handwerker der Stadt, sich zu einer Zunft zusammenschlossen.

Die Stahlschmiedezunft lässt sich in Siegen erst vom 15. Jahrhundert urkundlich nachweisen. Mit Sicherheit bestand sie aber schon früher, wenn auch ohne Bestätigung und Regelung der Landesherren. Diese erhielten sie erst im Jahre 1504. Der Zunftbrief beinhaltete das, was jahrelang als ungeschriebenes Gesetz gegolten hatte. Die Zunftkiste mit ihren Utensilien und das Kreuz hatten die Stahlschmiede in der Nikolaikirche stehen. Hierfür mussten sie sich an Prozessionen und Leichenbegängnissen beteiligen und hatten am St. Paulustag ungebotene Zusammenkünfte. Jährlich wurden zwei Zunftmeister gewählt, die das Kommando hatten und deren Anordnungen sich jeder fügen musste. Nur wer in rechtmäßiger Ehe geboren war und dessen Eltern oder Schwiegereltern Zunftmitglied waren, konnte Mitglied werden. Bei Übertretung der Zunftordnung oder eines Genossenschaftsbeschlusses wurde ein Schiedsgericht eingesetzt bzw. die Angelegenheit vor die Zunftversammlung gebracht. Das Vergehen konnte sogar bis vor ein gräfliches Gericht kommen und der Betroffene aus der Zunft ausgestoßen werden.

Jedes Zunftmitglied musste ein Gelöbnis ablegen, die überlieferten Gewohnheiten treu zu befolgen und die Kunst (gemeint war das Schmiedehandwerk) nicht außerhalb des Landes (Kreis Siegen) zu betreiben. Selbst die Reitmeister, die nicht körperlich arbeiteten, sondern nur die fertige Ware vertrieben, mussten Mitglieder der Zunft sein und die Satzung treu befolgen. Die Stahlschmieden hatten außerdem die Pflicht, die Stadt in Kriegszeiten zu verteidigen und bei einer Feuersnot Hilfestellung zu leisten.

Alljährlich in einer Zunftversammlung wurde die "müßige Zeit" festgesetzt, es waren die Tage, an denen das Handwerk zu ruhen hatte. Es war u. a. im Erntemonat, auf Karfreitag, St. Markustag, Allerheiligen, am Barbaratag und zu Weihnachten.

Verantwortlich für seine Ware war jeder Schmied selbst. Jeder hatte sein eigenes Zeichen, was für Qualität bürgte und eingeschlagen werden musste. Damit man den siegenschen Stahl aber auch in anderen Ländern erkenne, musste auch das Wappen von Vianden eingeschlagen werden. Da die Oranier, die zu dieser Zeit die Regierung bildeten, unter anderem auch Grafen von Vianden in Luxemburg waren. Das Wappen bestand aus einem silbernen Querbalken im roten Feld.

Auch die Massenbläser und die Hammerschmiede organisierten sich zu einer Zunft. Sie wohnten im Gegensatz zu der Stahlschmiede komplett auf dem Lande, d. h. im Kreis Siegen verstreut. Die Verkaufs- und Stempelstelle ihrer Ware lag aber in der Stadt. Am Neujahrstage 1492 erscheint der erste bekannt gewordene Zunftbrief. Dieser ist leider nicht mehr vorhanden, aber einer von 1516. Die Satzung stimmt in etwa mit dem der Stahlschmiede überein. Aber nur gebürtige Siegerländer nahmen die Massenbläser und die Hammerschmieden in ihren Reihen auf. Mit größter Strenge wurde darauf geachtet, dass keiner, nicht mal ein Ofenbauer, das Handwerk außerhalb des Kreises betreibe. Man igelte sich sozusagen mit der Schmiedekunst, die zweifellos zu dieser Zeit im Siegerland auf einem hohen Niveau war, etwas ein, was für die Entwicklung auf längere Sicht nicht gut war.

Durch verschiedene Regelungen versuchte man, die Existenz der Einzelnen zu gewährleisten. So wurde die Arbeitszeit streng geregelt und festgelegt. Die Massenbläser produzierten von Ostern bis Pfingsten und von Michaelis bis Weihnachten. Dagegen durften die Hammerhütten von Pfingsten bis zum Erntemonat und von Weihnachten bis Fastnacht arbeiten.

Die Betriebe wurden aber durch solche Vorschriften, ohne dass dies beabsichtigt war, in ihrer Entwicklung gehemmt. Wassermangel in der heißen Sommerzeit und bei heftigem Frost im Winter sowie das fehlende Brennmaterial, die Holzkohle, haben oft zur Besorgnis beigetragen. All diese Schwierigkeiten und Verordnungen in der damaligen Zeit haben manch einen veranlasst, zu den alten Verfahren verbotener Weise zurückzukehren. So soll manch einer in der Einsamkeit des Waldes wieder Stahl in den alten Waldschmieden heimlich hergestellt haben.

Die alten Genossenschaften im Siegerland

Das Wirtschaftsleben im Siegerland hat sich von jeher im großen Maße in genossenschaftlichen Formen bewegt. Mit zunehmender wirtschaftlicher Belebung wurde die Ausgestaltung der genossenschaftlichen Formen immer reichhaltiger. Die Entwicklung führte zu örtlich begrenzten und nach ihrem Zwecke immer mehr spezialisierten Genossenschaften.

Das Siegerland bildete ursprünglich eine politische und kirchliche Einheit und somit eine wirtschaftliche Mark. Die Mark zersplitterte sich in kleinere Einheiten. Als unterste Stufe hiervon waren die Wirtschaftsgenossenschaften an Acker, Wald, Wasser und Weide, die als erste bereits im 13. Jahrhundert bestanden.

Nachdem die Teilung nach Örtlichkeiten abgeschlossen war, gab es weitere Teilungen und Neubildungen von Genossenschaften nach wirtschaftlichen Zwecken. Den Abschluß bildeten einst die für Hochwald und Weide. Die Reste hiervon, die sogenannten Sohlstätter Genossenschaften, bestanden noch im Anfang von diesem Jahrhundert in vielen Orten des Siegerlandes. Die Dörfer lagen meistens in einer Talaue, einer sogenannten Sohle, daher auch Sohlstätter Genossenschaften. Die Mitglieder hatten in der Sohle eine Wohnstätte und nannten sich Sohlstätter. Sie waren mit bestimmten Berechtigungen und Verpflichtungen an Wald, Weide oder an den Gebäuden, wie Armenhaus, Backhaus und Schule, untrennbar verbunden.

Während in der Regel die Weiderechte den Sohlstätter Genossen verblieben, ging die Teilung aus wirtschaftlichen Gründen in der Stadt Siegen noch weiter. Zur Ausübung der Rindviehhude hatten sich drei getrennte Hudegemeinden herausgebildet. Ende des Mittelalters entstanden für die Betriebe von Bergwerken und Hütten sowie für die Bewirtschaftung von Wiese und Niederwald besondere Genossenschaften. So die Berggenossenschaften (Gewerkschaften), die bis weit in diesem Jahrhundert Bestand hatten und sich dem Bergbau widmeten. Aber auch die Hüttengenossenschaften, in deren Besitz die Siegerländer Hütten und Hammer waren, und etwa bis um die Jahrhundertwende große Wichtigkeit hatten. Aber auch die Wiesengenossenschaften, denen in den ersten Jahrzehnten dieses Jahrhunderts noch erhebliche Bedeutung zukam. Und schließlich die Haubergsgenossenschaften, die für das Bewirtschaften des Niederwaldes mit seinen vierfachen Erträgen an Lohrinde, Holz, Ackerland und Viehweide, zuständig waren.

Ob sich die Berg-, Hütten- und Wiesengenossenschaften von den alten Sohlstätter abgesplittert haben oder ob sie eine Neubildung waren und wie sie entstanden sind, lässt sich nicht mehr genau nachvollziehen. Dagegen lässt sich die Entstehung der Haubergsgenossenschaften, die als ausgedehnteste und lange Zeit als wichtigste Genossenschaft galt, genau nachweisen. Sie soll aus diesem Grunde auch noch kurz beschrieben werden.

Der Ursprung der Haubergswirtschaft lässt sich nicht einheitlich beantworten. Da sie sich aus der Waldfeldwirtschaft, dem genossenschaftlichen Element und der Haubergs- und Jahnverfassung zusammensetzt, muss sie auch in drei Einzelfragen aufgelöst werden.

Die Waldfeldwirtschaft im Haubergswesen ist uralt. Die Arbeitsweise war, dass man Niederwald für die Holz- und Lohegewinnung abtrieb und den Boden hackt und brennt, um ihn als Ackerland und zum Schluß als Viehweide zu benutzen. Diese Bewirtschaftung taucht im Siegerland bereits im 14. Jahrhundert auf und ist auf das Bedürfnis der uralten Siegerländer Eisenindustrie nach Holzkohlen und der Ledergerberei nach Eichenlohe zurückzuführen.

Das genossenschaftliche Element ist der gemeinsame Besitz und Betrieb eines Hauberges durch eine Genossenschaft. Zu allen Zeiten hat es im Siegerland auch Hauberge gegeben, die im Einzelbesitz waren. Die Adeligen, der Graf von Nassau und die Kirche hatten Hauberge zur alleinigen Verfügung. Es waren die sogenannten hof- oder kirchlichen Hauberge. Erst im 16. Jahrhundert lassen sich die genossenschaftlichen Verordnungen im Haubergswesen nachweisen. Viele Tatsachen sprechen dafür, dass der genossenschaftliche Besitz schon viel älter ist, während nichts für das Einzeleigentum am Hauberg als Regel spricht. Die ersten Haubergsverordnungen tauchen 1553 auf und beweisen den großen Zusammenhang zwischen Dorfgemeinde und Haubergsgenossenschaft. Es zeigt sich darin, dass durchweg in jeder Dorfflur eine Haubergsgenossenschaft vorhanden ist und der Bezirk innerhalb der Gemeindegrenzen liegt und regelmäßig nach dem Dorfnamen genannt wurde. Auch das bestehende Recht der Gemeinde, die Viehhude im Hauberg auszuüben, weist auf die Identität hin. Bis Mitte des 19. Jahrhunderts bestand die Ansicht, dass die genossenschaftliche Grundlage erst später entstanden sei. Man muss aber nach allem annehmen, dass das genossenschaftliche Gesamteigentum am Hauberge ursprünglich war.

Das eigentliche charakteristische der Haubergswirtschaft ist die Haubergs- und Jahnverfassung, und zwar die strenge Regelung der Bewirtschaftung. Die Einteilung ist allerdings eine spätere Neuschöpfung. Ursprünglich wurde in den Niederwaldungen des Siegerlandes die Waldfeldwirtschaft zur Gewinnung von Ackerland, Holzkohle und Lohe regellos als Raubbau betrieben. Es hatte ja jeder Genosse ein unbegrenztes gleiches Nutzungsrecht. Diese Raubwirtschaft war, solange Wald in Fülle vorhanden war, unbedenklich. Mit Aufblühen der Siegerländer Eisenindustrie im 15. Jahrhundert, was einen vermehrten Holzbedarf nachzog, und dem großen Bevölkerungszuwachs wurde diese Waldwirtschaft bedenklich. Es trat sogar ein besorgniserregender Holzmangel ein. Zahlreiche Forstverordnungen wurden von den Landesherren ab 1465 erlassen, die alle auf eine Holzersparnis hinzielten. Aber auch in anderen Gegenden Deutschlands wurden solche Regelungen, sobald man den Raubbau erkannt hatte und sich der Erschöpfbarkeit des Waldes bewusst wurde, angewendet.

Das unbeschränkte Nutzungsrecht des Einzelnen wurde begrenzt. Bei Einführung der Nutzungsbegrenzung bekam jeder Genosse den gleichgroßen Anteil in Gestalt des Jahns und man bewahrte somit die Rechte der Gleichheit. Zu Beginn der Jahnordnung im Siegerland hatte nur der am Gemeindewald Anteil, der mit einem Haus ansässig war. So ist auch die ungleiche Anzahl der Jahne in den verschiedenen Haubergen erklärlich. Die im Eigentum von Einzelpersonen stehenden Hauberge hatten keine Jahne in ihren Hauen, unterstanden aber sonst vollständig der Haubergsverfassung.

Die Beschränkung des Nutzungsrechtes durch die Jahnordnung brachte nicht den gewünschten Erfolgt. So führte man später die regelmäßige Umtriebszeit von etwa 18 Jahren ein. Sie entstand im Interesse der Industrie, die heute noch überall bekannte strenge Regelung der Haubergswirtschaft. Diese Entwicklung ist natürlich über einen längeren Zeitraum entstanden und nicht aller Orten zugleich. So ist zur Bestimmung der Jahngröße auch mal eine Maßeinheit (Rute, Schuh, Zoll) oder ein Getreidemaß (Becher, Malter, Meste) bzw. auch eine Geldsumme (Albus, Gulden, Pfennig) eingesetzt worden. Als Zeitpunkt der Entstehung der Hauberg's Verfassung können wir das 14. und den Anfang des 15. Jahrhunderts annehmen. Da in dieser Zeit zum ersten Mal Waldverwüstungen, Industrieaufschwung und Bevölkerungszunahme im Siegerland gegeben waren und es zu einer solchen Regelung führen musste. Als die gesetzliche Regelung der Hauberg's Verfassung 1553 erlassen wurde, waren die Grundzüge seit Generationen bekannt, daher ist das Volk auch als Schöpfer dieses Wirtschaftssystems anzusehen.

3. Es war nicht immer gut

Das grauenvolle siebzehnte Jahrhundert

Man schrieb das Jahr 1621 und enorme Kriegsschatzungen tagen über dem Lande und wurden mit hartem Zwang eingetrieben. So musste die Stadt Siegen im Februar 1555, im März 1506 und im April 1905 Gulden aufbringen. Das übrige Siegerland musste bedeutend mehr zahlen. Es ist aber auch bis dato von der Einlagerung von Soldaten verschont geblieben.

Ab 1624 brauchen die Untertanen die Frondienste auf den herrschaftlichen Wiesen, z. B. auf dem Ginsberg, nicht mehr ausüben (Untertanen waren Staatsbürger in der absoluten Monarchie. Es waren untertänigste Diener. Frondienste nannte man die Arbeiten, die auf Anweisung für den Gutsherrn erledigt werden mussten). Dafür müssen sie aber von jedem Pferde 2 Rthlr. (Reichstaler) und 22 Albus, nach der Siegener Währung, und von jedem Handfroner die Hälfte hiervon als Dienstgeld an den Fürsten entrichten. Ende Januar 1624 begehrt der Fürst Johann d. J. weitere große Geldleistungen von Stadt und Land. Er hatte viele Schulden geerbt und musste Einkünfte an seinen Bruder Wilhelm und die Schwiegermutter abtreten. Am 1. März des selben Jahres wurde eine Beisteuer von 56 000 Rädergulden erlassen. Sie waren zu einem Teil von der Stadt und zwei Teilen von dem Lande aufzubringen, und zwar in 4 Jahren. Es wird verordnet, dass 6 Untertanen, und zwar zwei aus der Stadt und vier vom Lande hierüber zu wachen haben.

Immer wieder werden neue Steuern und Abgaben erhoben und aus dem Volke herausgepresst. So schrieb man 1634: "Es tut kein Untertan mehr etwas besitzen und sind wir ausgequetscht bis auf den letzten Heller." Die Siegener beschwerten sich erneut heftig, dass das Land zu ihrem Schaden geschont werde. Man schrieb anno 1636 und die Contributionen nehmen kein Ende. "Wenn Gott nicht ein

Einsehen hat, frißt uns die Kriegsfurie alle auf." Ja, es herrschte so bittere Armut, dass ganze Dörfer, auch im Siegerland, in dieser Zeit ausgestorben sind. Unter anderem auch der Ort Merklinghausen, deren ehemaliges Arenal heute in der Gemarkung Müsen liegt. 1637 war die Pest, die über viele Jahre im oberen Ferndorftal ihre Opfer gefordert hat, endlich besiegt. Im Jahre 1639 hieß es: "Wenn man das nackte Leben hat, muss man Gott danken, so seind wir ausgezogen und ausgesogen."

Die Contributionen sind 1641 nicht weniger geworden, sie haben sich auf dem hohen Stand gehalten. 1643 ist der Preis für eine Wohnstätte 30, für ein Pferd 12 und für eine Kuh 4 Gulden. Die Stadt Siegen ruft 1645 zum Vergleich auf und trägt nun von den gemeinsamen Lasten den fünften Teil.

Der langersehnte Frieden wird endlich 1648 geschlossen. Den Schweden hat man hierfür 5 Millionen Satisfactionsgelder bewilligt. Die Grafschaft Siegen hat davon 10 284 Rthlr. und 55 Kr. zu stellen. Es wird große Schwierigkeiten geben, so viel Geld aus dem armen Lande herauszuholen. Der schwedische Obrist Mohr kam 1650 eigens mit einer Mannschaft in die Grafschaft, um den Rest der bewilligten Gelder für die schwedische Krone in Stadt und Land einzutreiben. Es wird kund getan, dass in der Kriegszeit alleine die Stadt Siegen 120 bis 130 tausend Gulden an Geld hat aufbringen müssen. Der Kreis bzw. das Land hat etwa das 3fache gezahlt. Die vielen anderen Leistungen, die erbracht worden sind, lassen sich nicht in Zahlen erfassen. Im Jahre 1653 wird einer der letzten Hexenprozesse vor dem Gericht zu Hilchenbach verhandelt. Sämtliche 18 Angeklagten werden zum Tode verurteilt. Der Berg, wo diese Urteile vollstreckt wurden, heißt heute noch Galgenberg. 1655, als man die schwere Kriegslast endlich überstanden hatte, wurde festgeschrieben, dass die Mühlen auf St. Andreas je ein Mühlenschwein und 5 - 6 Malter Korn an die Fürsten zu liefern hätten. Die Ämter Hilchenbach, Ferndorf und Vierdorfschaften haben bisher jährlich 400 Pfund Jägerhanf geliefert, woraus die Herrschaft Stricke und Netze anfertigen ließ. Im Jahre 1656 konnten sie nur 56 Pfund liefern. Der Rest musste durch 85 Gulden und 12a ausgeglichen werden. Fürst Wilhelm Moritz hat 1682 das Dienstgeld vom Pferde auf 4 und vom

Handfroner auf 2 Rthlr. angehoben. Auch hat er die 1624 abgestellten Dienste in natura mit einer viel größeren Menge wieder eingeführt. So wurden z. B. von der Wiese auf dem Hof Lohe statt 63 Fuhren früher nun 128 Fuhren gefordert. Hinzu kamen noch 112 Tagewerke Feldarbeit mit Ackern, Mistfahren, Säen, Mähen, Einfahren, Dreschen und die Frucht auf den Boden bringen. Aber auch Schafe waschen und scheren gehörte dazu. Der neue Fürst Wilhelm Moritz hat 1683 die Steuern so erhöht, dass jetzt das 12fache wie unter Johann Moritz zu zahlen ist. Viele Untertanen sind ganz unvermögend und können die Bede nicht zahlen. Mit Leibesstrafe und Gefängnis versuchte man die geforderten Steuern aus den Menschen herauszupressen.

Am 1. Mai 1687 wurde Hilchenbach vom Grafen Wilhelm Moritz zum Flecken erhoben und begnadet mit Fleckenvorrechten, Gerechtigkeiten und Freiheiten. Die Hilchenbacher, die dafür 6 200 Reichstaler zahlen mussten, bekamen Privilegien einer Stadt und befreiten sich von vielen Lasten, so unter anderem auch von den Frondiensten. Der Ort hatte damals 77 Häuser und jedes Haus zahlte für die Erlangung der Bürgerrechte 80 Reichstaler. Wenn man den damaligen Geldwert mit dem heutigen vergleicht, so ist das Opfer zur Erlangung des Bürgerrechtes als nicht unbedeutend anzusehen. Auch die Dörfer des Amtes Hilchenbach profitierten von den Fleckenrechten, denn sie brauchten die Fronarbeit auf dem Hof Ginsberg nicht mehr zu leisten. Diese mussten nun die Dörfer Littfeld und Krombach im Wechsel ausführen. Ab diesem Zeitpunkt fand nun jährlich die Wahl eines alten und eines jungen Bürgermeisters, nach vorher abgehaltenem Gottesdienst, am 01. oder 02. Mai in Hilchenbach statt. Üblich war es, dass bei den Wahlen im Hof der neu gewählten Bürgermeister immer ein Baum gepflanzt wurde. Der junge Flecken aber hatte einen sehr schweren Anfang, denn am ersten Mai 1689, am Tage der Bürgermeisterwahl, brach am Nachmittag in der fürstlichen Burg ein Feuer aus. Die Flammen breiteten sich so rasch aus, dass bereits am Abend der ganze neue Flecken Hilchenbach, einschließlich Kirchturm, bis auf vier Häuser in der Gasse und ein Haus auf dem Damm in Schutt und Asche lag.

Der Landesfürst bestimmt die Religion

In der Mitte des 8. Jahrhunderts wird es wohl gewesen sein, wo die ersten Missionare durch die Täler unseres Siegerlandes gezogen sind. Es waren Schüler des Bonifatius. Da das altgermanische Heidentum in Deutschland im Süden und Westen schon am Aufweichen war, hatten sie kaum Widerstand, ihre Religion zu verkünden. Bestimmt war der Anmarsch schwieriger wie die Verkündigung. In den Flüssen von Sieg und Ferndorf sind wahrscheinlich die ersten Menschen in ganz kleinen Gruppen auf den Namen des Dreieinigen Gottes getauft worden.

Einst hatten wir im Siegerland nur zwei Kirchspiele, nämlich Siegen und Netphen. Im Laufe des Mittelalters sind von Siegen dann die Kirchspiele Rödgen, Wilnsdorf, Oberfischbach, Oberholzklau, Krombach und Ferndorf abgezweigt worden. Irmgarteichen und Hilchenbach ist von Netphen abgesplittet und wurden je eine selbständige Kirchengemeinde. Der Freie Grund und der Hickengrund gehörten kirchlich nach Haiger. Später ist noch Freudenberg von Oberholzklau und Müsen von Ferndorf getrennt worden. Kleine Holzkapellen oder einfache Holzkirchen sind die ersten festen Begegnungsgebäude der siegerländer Christen einst gewesen. Diese Holzgebäude sind später durch Gebäude aus Bruchsteinen ersetzt worden. Unser Heimatland ist das ganze Mittelalter, mit dem Wittenstein gemeinsam, vom Dechanten in Arfeld, der auch schon mal in Netphen herbergte, verwaltet worden. Er unterstand des Offizials zu Amöneburg, dieses gehörte wiederum zum Erzbistum Mainz, und zwar zur dortigen Stefanskirche. Das kirchliche Leben hat im Mittelalter bei unseren Ahnen noch zwei weitere Einrichtungen geschaffen. Es war das Männerkloster der Franziskaner in Siegen und das Nonnenkloster der Prämonstratenser in Keppel. Aber auch losere Formen von religiösen Gemeinschaften kamen hier vor. Drei Wallfahrtskapellen waren einst besondere Anziehungspunkte.

Im Mittelalter haben große Kriege zwischen Kaisertum und Papsttum, zwischen verschiedenen Mönchsorden und unter den kirchlichen Parteien der Realisten und der Nominalisten stattgefunden. Sie haben unser abgelegenes Heimatland kaum berührt. Aber von zwei Ereignissen können wir berichten. Anno 1233 wird Wilnsdorf zerstört, weil die Ketzer allda Schulen errichtet haben sollen. Was für Ketzer es gewesen sind, die so hart bestraft wurden, wissen wir nicht. Es könnten Waldenser gewesen sein, die es damals gab. Die zweite bekannt gewordene Begebenheit hat die Gemeinden weniger berührt. Im Jahre 1349, im Streit um die Besetzung des Erzbistum Mainz, haben fast alle Pfarrer unseres Landes öffentlich sich für den Kandidaten des Papstes bekannt. Die Minderheit hat wahrscheinlich Neigung zum kaiserlichen Gegenkandidaten gehabt.

Die Ketzerverfolgung in Wilnsdorf, die ganz bestimmt auch in anderen Orten stattgefunden hat, zeigt, dass das Volk nicht immer mit der herrschenden Kirche einverstanden war. Aber die Reformation, die mit Luther, Calvin und Zwingli begann, ist im Siegerland nicht von der Bevölkerung ausgegangen, sondern sie ist von den Fürsten durchgeführt worden. Drei Männer berief Graf Wilhelm der Reiche zwischen 1529 und 1536 dafür. Sie haben die neue Lehre des Glaubens auf den Kanzeln hier verkündet und so das Schul- und Kirchenwesen umgestaltet. Es war der Siegerländer Heilmann Bruchhausen aus Krombach, Erasmus Sarcerius aus Annaberg in Sachsen und Leonhard Wagner aus Kreuznach. Außer den Herren von Bicken nahm der gesamte Siegerländer Adel und die Bevölkerung ohne größere Zwischenfälle die neue Lehre des Glaubens an. Die Franziskanermönche wurden vom Graf angefordert, die Stadt zu verlassen. Erst später wurde auch das Kloster Keppel protestantisch.

Reformiert wurde nach dem Grundsatz "cuius regio, eius religio", das heißt der Landesfürst bestimmt die Religion seiner Untertanen. Dies zeigte sich auch knapp 100 Jahre später bei der Gegenreformation. Johannes der VII erlebte mit Schmerz, dass sein zweiter Sohn durch den Tod des ältesten erbberechtigt wurde. In Italien, bei einem längeren Aufenthalt, trat dieser zur römisch-katholischen Kirche über, was nicht ohne Folge für das Land war. Durch die Dreiteilung des Landes tat sein Vater dies noch abschwächen. Der neue Fürst Johann ging zunächst, da er meistens außer Landes war, schonend vor. Aber 1626 kam eine Verordnung, dass alle Untertanen zur katholischen Kirche zurückzukehren hätten. Ihres Amtes enthoben und später vertrieben wurden die Seelsorger. Wer nicht an der Messe teilnahm, bekam eine Strafe. Da Graf Wilhelm, der Stiefbruder, in Hilchenbach und Umgebung regierte, blieb dies von der Gegenreformation unberührt. Weil Johann Moritz in den Niederlande weilte, hatte sein Landesteil viel zu leiden. Er drang jedoch mit schwedischen Truppen ins Siegerland vor und stellte überall die reformierte Kirche wieder her. Nach der schwedischen Niederlage bei Nördlingen bekam Johann das Siegerland wieder in Gewalt und die katholische Religion wurde erneut eingeführt. Dies änderte sich auch nicht an Johanns Tod 1638. Aber als Johann Moritz aus Brasilien 1645 zurückkam, erlangten die Reformierten wieder die Oberhand. Erst durch den Westfälischen Frieden 1648 kehrte im großen und ganzen Ruhe im Siegerland ein. Nur im Johannland dauerten die Streitigkeiten noch an. Anno 1651 kam hier ein Vergleich zustande, wonach Irmgarteichen ganz katholisch blieb. Dagegen wurden in Netphen sowie in Rödgen und Wilnsdorf auch reformierte Pastore eingesetzt. In Siegen erhielten die Katholiken Anteil an der Johanniskirche, die später abgebrannt ist. Mit diesen Vergleichen war der große, erbitterte, langjährige Glaubenskrieg auch für das Siegerland in der Hauptsache beendet.

Der Handel auf dem Lande wird verboten

Mit großem Unmut hat die Regierung in Siegen im August 17 75 festgestellt, dass der Handel mit allerlei Spezerei auf dem Lande sehr verbreitet ist. In fast allen Dörfern des Siegerlandes waren Menschen, die damit ein Gewerbe betrieben und in diesem Handel ihre Nahrung suchten. Nach den Regeln der guten Polizei (vor über 200 Jahre) gehören diese Waren aber in die Stadt und nicht auf das Land. Auf dem Lande sollte man sich einzig und allein mit Viehzucht, Ackerbau sowie Hütten-, Hammer- und Bergwesen beschäftigen.

So hieß es damals dann auch: "Durch den Warenhandel ist der Landmann und dessen Hausleute zu allerlei Ausschweifungen verleitet und dadurch in seinem

Vermögen und Nahrungsstand zurückgesetzt und geschwächt worden. In Sonderheit ist der Kaffee eine Ware, worin der Untertan, ohne Unterschied des Standes große Ausschweifungen begeht und dem Lande große Summen entzogen werden". Was konnten diese armen, hart und lange arbeitenden Menschen sich denn schon für große Ausschweifungen leisten? Sie bekamen doch gerade ihren kargen Lebensunterhalt zusammen. Oder dachte man damals vielleicht, dass durch einen blühenden Handel auf dem Lande die Stadt Siegen etwas geschwächt würde?

Im Jahre 1776 wurde der Handel auf dem Lande weiter bekämpft. Da hieß es, dass besonders nach dem Kriege Untertanen Krämereiwaren angeschafft haben und damit ein landverderbliches Gewerbe betreiben. Deswegen wurden ab sofort alle Kramereien auf dem Lande bei Androhung von 50 Gulden Strafe verboten. Alle diese Waren durften nur noch in der Stadt Siegen und den beiden Flecken (Hilchenbach und Freudenberg) angeboten und verkauft werden. Den Landleuten gab man eine Galgenfrist von einem Jahr, um sich aller Waren zu entledigen und zu ihrem eigentlichen Beruf, dem Ackerbau und der Viehzucht zurückzukehren. Hierdurch könnten sie sich und dem Staate den allergrößten Nutzen verschaffen.

Eine Ausnahme gab es jedoch, falls die Ortschaften zu weit von dem Krämerladen entfernt lagen. Hier wollte die Regierung prüfen, ob eine Befreiung dieser Verordnung möglich war. Natürlich mit Entrichtung eines Zolls an die fürstliche Kasse. Nach langem Hin und Her bekamen am 2. Januar 1777 unter anderem auch Ferndorf und Krombach die Genehmigung, in ihren Ortschaften bestimmte Waren feilzubieten. Diese Krämer durften aber nur die nötigsten und unentbehrlichsten Waren für den Landmann führen. Es durften somit also keine Ellenwaren, Kleidungsstücke, Tee, Zucker, Kaffee und alle edleren Spezereien geführt werden.

Immer wieder - und dies war zu allen Zeiten so - hat man versucht, dass Fußvolk zu unterdrücken bzw. es unten zu halten. So hat man am 20.12.1775 bei uns im Siegerland wahrgenommen, dass öfter gemeine Bürgers- und Bauernsleute durch irrige Vorurteile verblendet, ihre Kinder ohne vorherige Prüfung und Neigung nach den höheren Wissenschaften schickten. Diese Studierfreiheit ist aber sehr nachteilig für die Landbevölkerung. Es kommt zum häuslichen Verderben der Untertanen, aber auch das Handwerk wird unbemerkt in Verachtung geraten. Deswegen wurde folgendes verordnet: "Kinder der Handwerks- und Bauernsleute werden weder zum theologischen, noch juristischen Studio zugelassen, wenn ihnen nicht nach einer Prüfung vor dem akademischen Senat zu Herborn die Erlaubnis als "vorzüglich gut befunden" erteilet wird."

Siegerland einst bedeutende Waffenschmiede

Einst wurden die Erze im Siegerland an den Fundorten in den sogenannten Rennfeuern geschmolzen, zu Luppen geformt und dann geschmiedet. Stahlschmiede und Eisengießereien entwickelten sich aus diesen Schmelzen, die den Weltruf der Siegerländer Industrie begründeten. Zu Beginn der Eisenverarbeitung und dies war lange vor Christi Geburt, kannte man noch keinen Stollenabbau. Die Erze müssen seinerzeit frei an der Oberfläche gelegen haben. Das Siegerland gehörte nach Untersuchungen von den Kelten bis ins Mittelalter zu den bedeutendsten und ältesten Waffenschmieden.

Die uralte Handwerkersage steht in Verbindung mit dem Wielandsdorf Wilnsdorf, wo auf dem Ratzenscheid auch schon sehr früh Erz verarbeitet wurde. Denn hier im Siegerland haben wir den kunstreichen, sagenumwobenen Schmied Wieland zu suchen. Sein Sohn, der Meister Witting, soll im benachbarten Wittgenstein zu Hause gewesen sein. Nicht nur in Wilnsdorf und Siegen, sondern auch im Müsener Revier soll der Vulkan, wie man Wieland auch nannte, Waffen und Kunstgegenstände geschmiedet haben. Der Schmied Wieland muss, wie es aus der altnordischen und angelsächsischen Sage zu entnehmen ist, ein einsamer Spitzenkönner seines Faches gewesen sein. Er wurde von König Nidhad gefangen genommen. Da er ein ganz begehrter Fachmann war, wollte man ihn durch irgendeine Weise an der Flucht hindern. Aus diesem Grunde schnitt man ihm die Sehnen in den Kniekehlen durch. Wieland entkam trotzdem. Nachdem er drei

Söhne des Königs getötet und die Königstochter Beadohild geschändigt hatte, mit Hilfe eines albanischen Flugringes, der ihm Vogelgestalt verlieh. Es sollen selbst geschmiedete Flügel gewesen sein.

Etwa 1000 Jahre nach Wielands Leben anno 1445 wurden in Siegen schon 50 Kanonen für den Grafen von Nassau und für die Stadt selbst gegossen. Einen alten Mörser aus dem Jahre 1538 finden wir im Heeresmuseum von Wien. Er stammt aus der Werkstatt von Hans Pender, Siegen. Aber auch das alte Reichszepter, die sogenannte Lanze des heiligen Mauritius, die in den Schatzkammern zu Wien liegt, ist aus Siegerländer Stahl hergestellt. Bei den angehäuften Waffenschätzen in der österreichischen Hauptstadt fällt dem Siegerland die größte Bedeutung für die spätrömische und frühmittelalterliche Waffentechnik zu. In späteren Jahren können wir solche Dokumente häufiger finden. Auch die Kölner Schwerte Zunft bekam seinerzeit ihren Stahl aus dem Siegerland.

Der bekannte Siegener Meister Siegfried, dessen Werkstatt in Köln stand, hat zahlreiche Glocken im Rheinland und in Westfalen, so auch in der Nicolaikirche in Siegen (1335) aus Siegerländer Erz gegossen. In erzenen Lettern sind die Namen vieler Siegerländer Glockengießer erhalten geblieben. Aber auch mit dem Potterieguß sind in jener Zeit schon große Meisterwerke, auch aus heutiger Betrachtung, gegossen worden. So wurden damals schon Grabkreuze mit vielen wunderbaren Verzierungen und Symbolen gegossen. Auch der Plattenbelag der Nicolaikirche und die Türen der Fürstengruft in Siegen sind aus jener Zeit. Ja, in Siegen, wo die große Schmiedekunst des Siegerlandes zuerst zu Hause war, sollen um 1150 schon eigene Münzen geprägt worden sein.

Was für wirtschaftliche Bedeutung Siegen über Jahrhunderte hatte, geht aus einem Holzschnitt, dem Nürnberger Fahrplan von 1610 hervor. Hierauf befindet sich das kleine Siegen in sehr ehrwürdiger Gesellschaft. Die Namen dieser Städte sind neben Siegen, unter anderem München, Venedig, Mailand, Lyon, Genua, Straßburg, Paris, Trier, Köln, Hamburg, Lübeck, Rostock, Frankfurt, Dresden, Wien und Breslau. Dies alles sind Belege für die einst bedeutende Stellung des Siegerlandes in der europäischen Wirtschaft. Wir können nur mit großer

Hochachtung auf die Werktätigkeit unserer Ahnen, die ein weiser Sachverwalter ihrer Bodenschätze waren, zurückschauen.

Flecker Kirche hatte Schießscharten

Freudenberg verdankt seinen Namen und die Entstehung der Burg zum Freidenberg. Zwischen 1341 und 1389 wurde zum Schutze des westlichen Landes von den Nassauern diese Burg angelegt. Nach einer Urkunde vom 18. Juni 1341 besaßen die Grafen damals im Siegerland nur die Burg zu Siegen und die beiden Festen Ginsberg bei Grund und Hain bei Hainchen. Freudenberg wurde noch nicht erwähnt. Das Schloss zum Freidenberg wurde am 28.03.1389 von einem Grafen mit den beiden Kirchspiele Oberholzklau und Oberfischbach an die Brüder Johann und Robin von Bicken und Siegfried von Selbach für ein Darlehn von 2300 Florin verpfändet. Zur Bewachung und Unterhaltung von Burg und Landhecke siedelten die Landesherren später zuverlässige Leute im Burgring an. Sie bekamen außer Wohnhaus auch Felder, Wälder und Wiesen zugeteilt. Auch hatten diese Bürger das Recht, Haus- und Grundbesitz zu vererben und unter sich zu teilen. Voraussetzung hierfür war, dass sie ihre Pflichten für die Landesherren treu erfüllten und hier wohnen blieben.

Bereits 1417 war im Gambachtal eine Öl- und Fruchtmühle sowie eine Blashütte vorhanden. Der erste Mühlweiher muss der Gambacher gewesen sein. Der Asdorfer ist erst 1469 angelegt worden und hat lange Zeit nur der Fischzucht gedient. Die Fruchtmühle daran ist erst später, als die Freudenberger Mühle für die Bevölkerung nicht mehr ausreichte, gebaut worden. Um die gewerblichen Anlagen, Burg und Landhecke zu beaufsichtigen, ernannten die Fürsten zuverlässige Beamte, Sie wohnten auf der Burg und wurden zum "Burggrafen von Freudenberg" ernannt.

Der Bau der gewerblichen Anlagen war für die damalige Zeit sehr kostspielig. Die Landesfürsten nutzten ihren Vorteil hier in Freudenberg - auch zum Vorteil für die Bevölkerung - sehr geschickt aus. Der Bau dieser Anlagen wurde erleichtert, da sie freie Verfügung über Boden und Wasserläufe hatten. Weiterhin musste die Bevölkerung Frondienste mit Fuhrwerk und Handarbeit leisten. Die Fronarbeiter kamen zwar Beköstigung, aber keinen Lohn. Es gab hier keine ergiebigen Eisensteingruben, aber trotzdem wurden Eisenschmelze und Hammerwerke angelegt. Vorzüglichen Eisenstein lieferten die Erzgruben aus dem mittleren Siegerland zahlreich für die gräflichen Eisenwerke bei Freudenberg. Der neue Wohnort Freudenberg wurde dem uralten Kirchspiel Holzklau zugeteilt, wozu auch die Bewohner von Büschergrund gehörten. Plittershagen und einige Höfe dagegen kamen zum Kirchspiel Oberfischbach.

Alle Bürgerhäuser wurden im Juni 1540 durch eine gewaltige Feuersbrunst in Schutt und Asche gelegt. Aber auch das Schloss wurde beschädigt. Es muss beim Bau viel Holz verwendet worden sein. Auf Geheiß von Graf Wilhelm dem Reichen siedelten sich seine Bürger und Schlossbeschützer nun weiter talabwärts vom Schloss bis hin zum Selbachsweiher an. Über die Häuserzahl des neu erbauten "Flecken" Freudenberg ist mir nichts genaues bekannt. Er wurde durch Mauern, Planken und an den vier Ecken mit Toren befestigt und gesichert. Innerhalb des Burgringes wurden neue Wirtschaftsgebäude errichtet. Am südlichen Wartturm außerhalb der Schlossanlage baute man eine Kapelle aus Holz.

Die Bürger wurden von Steuern und Frondiensten befreit. Ihre wichtigste Aufgabe war, das Schloss weiter auszubauen und zu bewachen. Aber auch die Landhecke, Wege und Wegsperren, die damals große Bedeutung hatten, mussten im guten Zustand gehalten werden. Auf ihrem Eigentum und auf den Grundstücken der Grafen durften sie ungehindert Gewerbetätigkeiten ausüben. So z. B. Viehzucht, Ackerbau, Köhlerei, Stahlschmiederei, Lohnfuhrwerk sowie Gastwirtschaften betreiben. Für die Erlaubnis der Köhlerei mussten sie allerdings die Hälfte der gewonnenen Holzkohlen abgeben. Auch durften sie gegen geringe Abgabe Eisenschmelze und Stahlhammer benutzen. Ja, sie durften sogar auf ihren eigenen

Grundstücken neue Hammerwerke errichten. Hierfür mussten sie jährlich auf Martini nur etwas Wassergeld den Herrschaften zahlen. Anno 1584 sind alleine fünf Stahlhämmer, die in Privatbesitz waren, erwähnt worden. Es wurden später auch viele Gerbereien errichtet, die für den Flecken einst von großer wirtschaftlicher Bedeutung waren. Das heutige Kirchspiel Freudenberg wurde am 01.11.1597 von Graf Johann der Ältere genehmigt. Es zählte damals immerhin schon über 100 Familien, wovon 48 im Flecken und 40 in Büschergrund wohnten. Eine Kirche aus Bruchsteinen wurde von 1601 bis 1606 an Stelle der abgebrochenen baufälligen Kapelle erbaut. Der Wachturm der Schlossanlage wurde erhöht und zum Kirchturm ausgebaut. Die Steinbrecher und Maurer mussten die hiesigen Bürger umsonst beköstigen. Aber auch die Landleute der damaligen Gerichtsbezirke von Ferndorf und Freudenberg mussten Handreichung und Fuhren leisten, wie es bei Kirchbauten damals üblich war.

Ab 1588 wurde alles mögliche getan, um die Bürgerschaft genügend wehrhaft zur Verteidigung des Schlosses zu machen. Johann der Ältere hatte den Niederlanden geholfen und sollte aus diesem Grunde bestraft werden. Deswegen planten die Kurkölner, die mit Spanien verbündet waren, einen Angriff aufs Siegerland. Die Ummauerung wurde erneuert, der Wallgraben ausgebaut und schussbereite kleine Kanonen aufgestellt. Längere Zeit waren viele auswärtige Krieger sowie 16 Lehnsreiter des Grafen in Freudenberg einquartiert. "Am 21. März 1588 wurden auch die Landsassen aufgefordert, sich mit Wehr und Waffen und allem Zubehör darauf gefasst zu machen im Notfall bereit zu sein." Im Sommer 1589 verweilte der Graf längere Zeit auf der Burg, um sich von der Schlagkraft zu überzeugen und ob sie noch zu verbessern sei. Der Gegner hatte durch Kundschafter die Kriegsbereitschaft des Grafen erfahren. Aus diesem Grunde fand kein Angriff statt. Dennoch ordnete der Graf am 17. Juni und am 27 Oktober 1591 wieder eine Musterung aller wehrpflichtigen des Amtes an. Selbst der spätere, vorher erwähnte, Bau der Kirche wurde durch Einbau von Schießscharten zur Wehrkirche.

Der 9. August 1666 brachte für den Flecken eine neue Katastrophe. Ein erneutes Großfeuer vernichtete den ganzen Wohnort. Aber auch Teile des Schlosses sowie dessen Nebengebäude wurden stark in Mitleidenschaft gezogen. Das Schloss ist nicht wieder aufgebaut worden und verfiel im Laufe der Zeit völlig, so dass die Trümmer der Mauern den Wallgraben ganz füllen. Später hat die preußische Regierung den Schlossberg der Stadt Freudenberg verkauft.

Eine Inschrift in der Kirche berichtet über diesen Brand und den Wiederaufbau. Der neuerbaute Ort hatte 55 Häuser und repräsentiert sich bis heute malerisch. Ich glaube aber, dass die Grundzüge für diese herrliche Fachwerkidylle bereits 1540 nach dem großen Brand gelegt wurden. Die Chronisten schrieben nämlich, dass der neuerbaute Flecken außer den bergab führenden Seitenwegen Querstraßen mit Häuserreihen hatte.

4. Vom Reckhämmerchen zum Weltmarktführer

Reckhammer auf dem Wasserfall

Die wohl letzte Concession für einen Hammer in alter Form zu betreiben, ist im oberen Ferndorftal 1769 für den Dahlbrucher gegeben worden. Sie lautete wie folgt:

''Concession des Reckhammers unterhalb dem Dahlbruch''

''Demnach des Prinzen Hoheit, dem Consistorial Secretario Schenk zu Siegen, die nachgesuchte Concession, einen Reckhammer auf dem Wasserfall bey Dahlbruch anlegen und betreiben zu dürfen unter folgenden Conditionen, gnädigste zuzustehen geruhet.

a)   das er das noch abgehende Gehölz auswärtig anschaffen,

b)   durch den anzulegende Teiche oder Graben niemanden schaden noch

    solche Fischen,

c)   dieser zu errichtende Reckhammer den Teich oder das Wehr bey

    Hillnhütten mit dem Loheschen Hüttenwerk zur Hälfte unterhalten,

d)   durch Anhalten oder Abwenden des Wassers eben gedachten

    herrschaftlichem Hüttenwerk keine Hindernisse machen,

e)   der Reckhammer nur mit Steinkohlen getrieben,

f)   hauptsächlich Stahl darauf raffiniert,

g)   sothanes Stahl und das Eisen nirgends, als im Siegenischen gekauft und

    endlich

h)   jährlich um Martini 6 stüber Wasserzinzen an die Herrschaftliche Kasse

    entrichtet werden soll.

Als wird solches demselben zur Nachricht hiermit bekannt gemacht.

Dillenburg, den 25. May 1769

Fürstliche Landesregierung hierselbsten

gez. Spanknabe."

Etwa gegenüber dem heutigen Gasthof Dahlbrucher Hof, auf der anderen Straßenseite der B 508, wurde damals ein Teich für den oben erwähnten Reckhammer angelegt. Er füllte sich durch einen langgezogenen Wehrgraben, der in Hillnhütten von der Ferndorf abgezweigt wurde. Unmittelbar unterhalb dieses Teiches, in Richtung Süden, war der letzte Reckhammer in alter Form im Ferndorftal montiert worden. Durch ein oberschlächtiges Wasserrad wurde er in Bewegung gesetzt. Das überflüssige und gebrauchte Wasser wurde in einen darunter liegenden Graben geleitet.

Übrigens hatte der Teich, dessen Wasser damals das Wasserrad für den Reckhammer angetrieben hatte, die Trassenführung der heutigen B 508 beim Bau von 1830 bis 1834 beeinflusst. Die Straße bekam seinerzeit wegen dem Teich einen Bogen, der heute noch vorhanden ist. Das Wasser für diesen Graben wurde etwa 50 m unterhalb der heute noch vorhandenen Brücke in Hillnhütten von dem Ferndorfbach abgeleitet. Übrigens war dies damals die einzige Brücke über die Ferndorf auf heutigem Dahlbrucher Gebiet. Dieser zweite lange Graben durchschnitt nach einem Zufluss beim Reckhammer das Rothenbachbett, etwa wo heute der Abzweig von der B 508 nach Müsen geht. Von hier nahm er je nach Bedarf noch Wasser aus dem Rothenbach zum Lohischen Rohstahlwerk mit. Dieser künstlich angelegte Wehrgraben hatte immerhin die erstaunliche Länge von etwa 1850 m. Dieser lange Graben staute natürlich viel Wasser und somit konnten die Wasserräder in Lohe bei Trockenheit länger laufen als anderswo.

Diese nur schwer vorstellbaren verschiedenen Gräben sind durch die Niederschrift über die Genehmigung des Reckhammers und altes Kartenmaterial klar belegbar. Da das Ferndorftal hier durch Zufluss der Rothenbach von Müsen kommend sehr sumpfig war, splittete sich einst die alte links laufende Landstraße (Hohlweg) von

Ernsdorf nach Hilchenbach nur in Kredenbach. Sie lief von hier an links und rechts vom Tal am Berghang und vereinigte sich wieder in Hillnhütten.

Die älteren Dahlbrucher erinnern sich bestimmt noch an eine langgezogene Höhle, die hinten rechts abbog, an der heutigen Hochstraße Nr. 3, wo die Ärzte Hoffmann ihr Domizil aufgeschlagen hatten. Es war ein Stück von einem Weg, einem Hohlweg, und die Zufahrt zum Reckhammer, aber auch schon lange davor die Zuwegung zur damals selbstständigen Gemeinde Schweißfurth. Leider steht heute kein Gebäude mehr von dieser Gemeinde. Dieser uralte Hohlweg verlor mit dem Bau der Wittgensteiner Straße in den 1830er Jahren seine Bedeutung. Dahlbruchs Häuser standen damals alle auf dem obersten Dahlbruch. Der Reckhammer wurde unten im Tal gebaut. Daher war die Bezeichnung „ unterhalb dem Dahlbruch" schon richtig.

Aus einem Brief, den Johann Philipp Becher 1779 an Jung-Stilling nach Kaiserslautern schrieb, kann man folgendes, was völlig unbekannt ist, entnehmen. Nämlich, dass die damals selbstständigen Gemeinden, Hillnhütten und Lohe kurz vor 1800 eine größere wirtschaftliche Bedeutung hatten als Dahlbruch. So gab es in Hillnhütten auch einen Reckhammer und einen Eisenhammer. In Lohe gab es zu dieser Zeit einen Eisen- und zwei Stahlhämmer, die alle drei herrschaftlich waren. In Dahlbruch dagegen gab es nur einen Reckhammer, der noch nicht lange bestand.

Im Staatsarchiv in Düsseldorf befindet sich ein Dokument, wo die Siegerländer Industrie 1810 beschrieben wird. In dieser Niederschrift kommt u. a. zum Ausdruck. Der Thahlbrucher Reckhammer beschäftigt drei Arbeiter. Überwiegend wird Stabeisen zu Bandeisen ausgeschmiedet. Es werden 50 Karren Stabeisen verarbeitet, die 19 200 RTL. Kosten und von den Hämmern (Eisenhämmern) in der Gegend bezogen werden. Weiterhin wurden Steinkohlen aus dem Märkischem verwendet. Der Eimer Steinkohle, derer zu jeder Karre sechs verbraucht wurden, kostete ein RTL. Der Absatz ging hauptsächlich in die Pfalz und sonstige Weinbaugebiete. Das dünn geschmiedete Bandeisen wurde als Bandage für die hölzernen Weinfässer verwendet. Als großes Hindernis wurde angegeben, dass diese Fabrikate nicht ohne große Abgabe über den Rhein gebracht werden durften.

Im Jahre 1828 hatte man einen neuen Obergraben (Wasserzuführgraben) für das Hütten- und Hammerwerk zu Lohe gebaut. Weiterhin war in dieser Zeit eine Metallhütte von der Schweißfurth nach Lohe verlegt worden. Aus diesem Grunde wurde wohl auch der neue Graben auf dem Hoheitsgebiet der Schweißfurth von der Ferndorf abgeleitet. Möglich war aber auch, dass man das Wasserrecht nach Lohe umgeleitet hatte.

Das Wasserrecht war ein verbrieftes Recht von großer Wichtigkeit und hatte sehr lange seine Bedeutung. So wurde das Wasser, bedingt durch die Wasserräder, lebensnotwendig für die Wirtschaft und die Industrie. Da es mit weitem Abstand lange Zeit der wichtigste Energieträger im Siegerland war, wurde es sehr oft genutzt bis es die Grenzen unseres Kreises verließ.

Übrigens stößt man bei Bauarbeiten auf dem Gelände SMS Siemag AG in Dahlbruch noch heute ab und zu auf einen unterirdischen Kanal. Er wurde wegen dem bestehenden Wasserrecht für das ehemalige Loher Werk noch in den 1950er Jahren gebaut. Das Wasserrecht ist zwar heute erloschen, aber der Kanal ist auch nie von dem Loher Werk genutzt worden.

Es gab noch einige Hämmer mehr im Ferndorftal. Die meisten bestanden schon über 300 Jahre, als der Dahlbrucher gebaut wurde. Aber keiner von all diesen Hämmern hatte später auch nur annähernd solch eine bedeutende Entwicklung erlangt wie der Dahlbrucher.

Gebrüder Klein Eisengießerei in Dahlbruch

Der Dahlbrucher Reckhammer ging am 06. April 1790 für einen Kaufpreis von 1.600 Talern in den Besitz des Gewerken Johannes Klein aus Ferndorf. Dieser vererbte ihn wieder an seinen Sohn Friedrich Adolf Klein, der in Siegen wohnhaft war. Vier Söhne von ihm bauten den Hammer in eine Eisengießerei um.

Die neue Firma hieß laut Concessionsurkunde vom 08. November 1834 "Geb. Klein - Dahlbruch, Eisengießerei in Dahlbruch''. Die Leitung übernahm August und Wilhelm Klein. Man beschäftigte sich zunächst mit Potterie- und Kunstguss. Gegossen wurden Zimmeröfen in allen Formen, Kochherde, Grabkreuze usw. aus einem Kupolofen. Es soll der erste Ofen dieser Art gewesen sein, der in Deutschland aufgestellt worden ist und 1836 in Betrieb ging. Der Gießerei waren eine Ofenschleiferei und eine Dreherei angegliedert. Es bestand auch eine Schlosserei zum Beschlagen von Öfen und Herden. Bereits 1837 goss man Walzen und zwei Jahre später produzierte man die ersten Maschinenteile. Im Jahre 1846 baute man Hammergerüste sowie zusammengesetzte Schwungräder mit Holzrahmen. Konstruiert und gefertigt wurden anno 1848 in Dahlbruch Scheren und Bohrmaschinen, aber auch an Dampfmaschinen wagte man sich.

Ein Jahr später kam die erste Betriebsdampfmaschine hinzu. Es war eine stehende Einzylinder - Dampfmaschine. Das Gestell hatte gotische Formen und sie diente zum Antrieb der mechanischen Werkstatt. Die Energie für die Schleiferei und Gießerei lieferten nach wie vor zwei Wasserräder. Das Gebläse für die Gießerei bestand aus zwei stehenden Zylindern. Hieran war auch ein Pochwerk zum Zerkleinern der Schlacke angegliedert. Später wurden die Wasserräder durch Turbinen ersetzt, die noch sehr lange in Betrieb waren. So ist die letzte Turbine erst im Jahre 1908 demontiert worden.

Mit dem Bau der Dampfmaschinen begann quasi ein neuer Zeitabschnitt in der Siegerländer Industrie. Für die Gebrüder Klein/Dahlbruch erfolgte ab diesem Zeitpunkt eine unvorstellbare unternehmerische Entwicklung. Es wurden in ihrer Fabrikation nun fast jedes Jahr neue Zweige in der Entwicklung und der Produktion aufgenommen. So baute man 1850 schon Lokomotiv - Wasserkrane, obwohl im Siegerland noch keine Eisenbahn fuhr. Aber auch Schiebebühnen, Papierwalzen, Glühtöpfe, Kammwalzen und Walzwerksteile wurden damals hergestellt. Ein Jahr später fertigte man Achsendrehbänke, Pochwerke, Saugstutzen, Schneidemühlen und Winderhitzungsapparaturen. Anno 1852 wurden Fördermaschinen, 1853 Dampfhämmer, Brückenwaagen und 1854

Dreschmaschinen, Quetschwalzwerke sowie Walzenständer auf dem Markt angeboten. Komplette Walzwerke für Luppen und Bleche sowie Antriebsmaschinen und Dampfpumpen wurden bereits 1856 verkauft. Ein Jahr später kamen größere, liegende Dampfgebläsemaschinen und Betriebsmaschinen als neue Produkte hinzu. Die Palette erweiterte sich im Jahre 1858 mit Mehlmahlmühlen und 1859 mit Aufbereitungsmaschinen nebst Drahtzügen. Die Entwicklung riss nicht ab und so kamen 1860 Dampffördermaschinen, Drehscheiben, Lochmaschinen und Lohmühlen hinzu. Als Neuentwicklung wurden 1865 Wasserhaltungsmaschinen angeboten.

In der Nacht vom 14. bis 15. Februar 1867 wurde das Werk in Dahlbruch durch eine gewaltige Feuersbrunst fast vollständig zerstört. Von der Feuerversicherung wurden für diesen Brandschaden 36.401 Taler, 5 Sgr. und 5 Pfg. ausgezahlt. Noch im selben Frühjahr wurde mit dem Wiederaufbau begonnen, der die Fabrik nach modernen neuzeitlichen Gesichtspunkten entstehen ließ. Friedrich Klein, der den Wiederaufbau leitete, erkrankte dabei an einer Lungenentzündung und starb daran im April 1867. Da die Modelle für den Guss zum größten Teil verbrannt waren, wandte man sich nun immer mehr dem Maschinenbau zu.

Die Konstruktion und Abmessungen der Maschinen wurden moderner, fortschrittlicher und größer. Bereits im Jahre 1868 wurde eine Dampfgebläsemaschine mit großen Abmessungen für die Heinrichshütte gebaut. Um den Hauptträger hierfür an die Baustelle zu transportieren, und dies geschah zum Teil noch mit dem Pferdegespann, musste die Siegbrücke bei Hamm an der Sieg schon damals verstärkt werden.

Im darauffolgenden Jahr bot man Dampfschnellhämmer an. Bereits 1870 verkaufte man komplette Drahtwalzwerke mit allen Hilfsmaschinen. Es folgten anno 1871 Koksausdrückmaschinen, Kompressoren und Pumpmaschinen. Für dicke Bleche mit großen Abmessungen wurden 1872 Grobblechwalzwerke angeboten. Luppenbrecher kamen ein Jahr später von Kleins auf den Markt. Es folgten 1874 Walzendrehbänke, Kreissägen und Feinwalzwerke. Anno 1876 bot man Drucksätze, gabelsche Ventilatoren, Gestänge, Rollscheren und

Messingwalzwerke an. Ein Jahr später brachte man Verbunddampfmaschinen auf den Markt.

Nach dem Brand hatte man immer mehr Walzwerksanlagen entwickelt und verkauft. Damit hat man bereits vor über 140 Jahren, wenn auch unbewusst, den Weg für die Zukunft im Dahlbrucher Werk gelegt, nämlich Walzwerksanlagen aller Art zu entwickeln und in Dahlbruch zu bauen und natürlich auch zu verkaufen. Dies ist bis heute im Ferndorftal aufrechterhalten und weiterentwickelt worden. So ist es nicht verwunderlich, dass auch die jetzige Nachfolgerin SMS DEMAG AG zu den größten und bedeutendsten Walzwerksherstellern unseres Erdballes gehört. Ja, so gehört auch heute noch der kleine Ort Dahlbruch auf dem Gebiet des Walzwerksbaues zu den bedeutendsten Orten der Welt.

Die Gebr. Klein/Dahlbruch stellten im Jahre 1880 auf einer Messe in Düsseldorf eine stehende Verbunddampf-Gebläsemaschine aus. Sie war für die damalige Zeit nach den neuesten technischen Erkenntnissen gebaut worden und wurde bahnbrechend auf dem Gebiet des Gebläsemaschinenbaus.

Der Umsatz stieg gewaltig, als im Jahre 1884 das Werk einen Bahnanschluss erhielt. So ist es auch nicht verwunderlich, dass sich die Geb. Klein/Dahlbruch anno 1885 enorm vergrößerten. Im Jahre 1887 heißt es in einem Werbeschreiben: „ Auf dem seit dem Jahre 1835 in Betrieb stehenden Werke befinden sich gegenwärtig 4 Kupolöfen, 1 Flammofen, Betriebsdampfmaschinen, verschiedene Turbinen und 50 Werkzeugmaschinen." Dies waren meist große Werkzeugmaschinen.

Man schrieb das Jahr 1888 und die bis dahin offene Handelsgesellschaft wurde am 25. Februar in eine Aktiengesellschaft umbenannt. Der neue Name hieß, " Maschinenbau Act.-Ges. vorm. Gebr. Klein in Dahlbruch", mit einem Aktienkapital von 1,2 Millionen Mark. Den Vorstand bildeten Kommerzienrat Wilhelm Klein sen., Ernst Klein und August Klein jun. . Nach dieser Umwandlung der rechtlichen Form wurde das Werk in Dahlbruch 1889 und 1896 stark vergrößert. Angeboten wurden schlüsselfertige Anlagen von Walzwerken jeder

Art. Aber auch Anlagen für Aufbereitungen, Hochöfen und Tiefbauten wurden produziert. Weiterhin Dampfmaschinen sowie Sand- und Lehmgusswaren aller Art, besonders aber Maschinenguss. Aus besten Siegenschen Eisen bot man Weich- und Hartwalzen an.

Diese sehr gute Entwicklung des kleinschen Unternehmens bekam der Mitbegründer August Klein zu seinem 80. Geburtstag anno 1890 in Gedichtform in folgender Weise vorgetragen:

Vor fünfzig und mehr Jahren am Waldesrand

ward begonnen mit Eisengießhallen,

zu bilden darin mit geschickter Hand

nutzbare Geschirre vor allem

Kochherde und Töpfe verschiedener Art

sowie Acker- und Wirtschaftsgeräte,

die Öfen geschliffen mit mancher Zierart

auch Eisen zu süßen Gebäcke.

Bald wuchsen die Räume der Arbeiter Zahl

das Wasserrad weicht der Turbine,

Maschinen entstanden nach klüglicher Wahl

und Dampf bewegt die Getriebe.

Durcheile die Zeit wie's ist und war,

wie's entstanden unter Arbeit und Mühen,

einst Reckhämmerlein schlicht und bar,

heut Maschinenbauanstalt im Blühen.

Der Maschinenbau blühte in Dahlbruch wirklich. Aus diesem Grunde beschloss man am 7. März 1896 in Riga der Hauptstadt Lettlands, die damals zu Russland gehörte, eine Zweigniederlassung zu errichten. Als kaufmännischer Leiter des

Werkes wurde Gustav Klein von der Heinrichshütte bei Au an der Sieg bestellt. Die technische Verantwortung bekam Oberingenieur Gustav Kuphaldt aus Dahlbruch. Beide wurden am 07. Januar zu Vorstandsmitgliedern der Abteilung Riga bestimmt. Das Aktienkapital der Firma Klein wurde hierdurch auf 4.000.000,00 Mark erhöht.

Nachdem am 3. April 1873 Kommerzienrat Heinrich Klein, einer der Mitgründer, verstorben war, folgte ihm am 22.06.1894 Kommerzienrat Wilhelm Klein, am 13. November 1897 August Klein und der letzte der vier Brüder, der geheime Kommerzienrat Friedrich Klein aus Siegen am 26.05.1898. Alle waren hoch betagt in geistiger und körperlicher Frische bis an ihr Lebensende tätig. Mit Ableben der Gründergeneration und durch Änderung der Firmenform in eine AG wurde das patriarchalische Verhältnis, welches früher zwischen den Kleins und den Arbeitern sowie zu vielen Dalbruchern bestand, verschoben. Ja, es waren schon ehrwürdige Personen. Dies kommt auch zum Gedächtnis an Heinrich im April 1873 zum Ausdruck. Die beiden letzten Verse lauten:

Drum bot Fortuna gerne Dir die Hand,

aus Berg und Hütten goss sie ihren Segen,

wie allen, die mit Maß und mit Verstand

und mit Bedacht die fleiß'gen Hände regen.

Hat dieser Tote nicht verdient sein Los?

Dem Armen Freund und gütiger Berater,

den Seinen aber allen, Klein und Groß,

ein unvergessener liebevoller Vater.

So lebtest Du, ein Vorbild nah und fern,

in Stadt und Land geachtet und geehrt,

vom Throne selbst und königlichen Herrn

zum Rat erhoben, den Du nicht begehrtest.

So geh in Frieden, denn Dir sei die Erde leicht

und Ruhe aus von Arbeit und Beschwerden.

Was Du gewollt, erkämpfet und erreicht,

das wird Dir hier zum schönsten Denkmal werden.

So brauchten die Dahlbrucher Eltern seinerzeit keine Schulbücher zu bezahlen, denn dies wurde damals von Kleins übernommen. Bereits anno 1858 wurde bei den Gebr. Klein eine Betriebskrankenkasse gegründet. Die Krankenkasse besteht heute noch und wird unter BKK der SIEMAG geführt. Eine Anekdote kennzeichnet zunehmend, wie das Verhältnis zwischen Arbeitgeber und Arbeitnehmer damals war. Der alte August ging in seinem Park spazieren. Er sah, wie sein Gärtner Flender, der Park und Garten in Ordnung halten musste, und sein Gehilfe sich auf Gartengeräte stützten, in der Gegend herumschauten und ganz gemütlich dabei ihre Pfeife rauchten. „Flender", rief der Kommerzienrat: „was hast Du eigentlich heute gemacht?", Nichts, Herr Kommerzienrat", erwiderte Flender. Der Alte fragte weiter: „Und der, der bei Dir steht, was hat der gemacht?" „Der hat mir geholfen," war die Antwort. August drehte sich um, lachte und ging weiter.

Das Geschäft lief gut und so wurden um 1900 weitere Hallen in Dahlbruch gebaut. Da man auch auf die äußere Fassade großen Wert legte, wurden die Wände dieser Hallen aus Ziegelsteinen gemauert und verfugt. Selbst die Fensterstürze wurden in Bögen aus Ziegel gemauert. Auch die mächtigen Stützen, auf denen hoch oben die Kranbahn lag, waren aus tausenden Ziegelsteinen gemauert. In unmittelbarer Nähe, in der Müsener Straße (heute Zahnarzt Schmitt), war eine alte Ziegelbrennerei, woher man die Ziegel bezog. Etwa 70 verschiedene Walzwerke verkauften die Gebr. Klein alleine nach Russland. Damit ist den Kleins offenbar ein erheblicher Anteil an der Industrialisierung bei dem riesigen Russland bzw. der UDSSR zugefallen. Als ich Anfang der 60er Jahre lange Zeit für die Siemag in Rumänien auf Montage war, hatte ich ein interessantes Erlebnis. Der Neubauchef kam eines Tages und sagte, ihr habt in Dahlbruch doch noch ein sehr bekanntes Walswerkunternehmen. Nach einer Diskussion wollte er den Beweis antreten und führte mich zu einer alten Richtmaschine, die irgendwo aus Rumänien stammte. Auf ihr war fein säuberlich aufgegossen: "Gebr. Klein Dahlbruch".

Bei Beginn des ersten Weltkrieges wurde die Produktion in Dahlbruch auch auf Kriegsmaterial umgestellt. So fertigte man neben den ursprünglichen Erzeugnissen auch Granaten, Flugzeugmotore, -zylinder, Pressen, Teile von Geschützen usw. Anno 1915 wurde das Stammwerk erneut vergrößert. In den Kriegsjahren '17/'18 waren in Dahlbruch 127 Beamte 369 Arbeiter, 50 Frauen und 34 Kriegsgefangene beschäftigt. Die Löhne stiegen von '14 bis '19 um über 100 % und mussten verkraftet werden. Von den 356 Mitarbeitern, die im Kriege waren, kehrten 283 heim, ihnen wurde durch den Aufsichtsrat ein Ehrengeschenk von 5.000,00 Mark bewilligt.

Nach dem verlorenen Krieg herrschte in Deutschland bittere Armut. Die Arbeitslosenzahlen sowie die Inflation wurden immer bedrohlicher. Auch ein Teil der Industrie, der früher einen hohen Exportanteil hatte, war in großen, langjährigen Schwierigkeiten. Hierzu zählten auch die weltweit bekannten Geb. Klein, Dahlbruch. 50% des Aktienkapitals, welches auf 10 Millionen Mark erhöht worden war, ging Anfang der 20er Jahre in fremde Hände. Wenn auch durch den Verkauf von Vorzugsaktien die Mehrheit der Stimmrechte erhalten blieb, begann die schwerste Zeit in dem über viele Jahrzehnte so bedeutenden Unternehmen. Ein Betrieb, der über Generationen für die Arbeit und somit für den Lebensunterhalt im Ferndorftal ganz entscheidend beigetragen hat, kommt in Schwierigkeiten.

An dem Aktienpaket, das nicht mehr den Familien Klein gehörte, war ein Industrieller aus dem Nachbarort Ernsdorf beteiligt. Es war Friedrich Flick, der schon damals mit seinem Kapital mächtigen Einfluss hatte. Da schon immer in der Großindustrie mit harten Bandagen gekämpft wurde, erholte sich der Betrieb Klein nicht mehr und er rutschte immer weiter in Liquiditätsschwierigkeiten. So kam es auch, dass die monetären Kräfte der ''Maschinenbau Actienges. vorm. Gebr. Klein Dahlbruch'' im Jahre 1927 am Ende waren. Die größte damalige Konkurrentin, die Demag, hatte den Würgegriff für dieses Unternehmen schon angesetzt. Sie wollten nämlich Kleins erwerben und dem Erdboden gleich machen. Da übernahmen Heinrich und Karl Weiß von der Siegener Maschinenbau Aktiengesellschaft und Friedrich Flick, der sich um die Siegerländer Arbeitsplätze seinerzeit Sorge machte, die Initiative und brachten das weltweit anerkannte Unternehmen in den Weißschen Unternehmensbesitz. Die Ära Klein/Dahlbruch ging damit zu Ende.

Das Zweigwerk Klein/Dahlbruch in Riga

Am 07. März 1896 beschlossen die Verantwortlichen der Firma "Maschinenbau-Aktiengesellschaft vorm. Gebrüder Klein/Dahlbruch" in Riga, der Hauptstadt Lettlands, was damals zu Russland gehörte, eine Zweigniederlassung zu errichten. Als kaufmännischer Leiter des Werkes wurde Gustav Klein von der Heinrichshütte bei Au an der Sieg bestellt. Die technische Verantwortung bekam Oberingenieur Gustav Kuphaldt aus Dahlbruch. Beide wurden am 07. Januar 1899 zu Vorstandsmitgliedern der Abteilung Riga bestimmt. Das Aktienkapital der Firma Klein wurde später bedingt durch dieses Zweigwerk auf 4 000 000,00 Mark erhöht.

Da die Firma Klein/Dahlbruch bereits im vorigen Jahrhundert gute Geschäftsverbindungen mit Russland hatte, versprach man sich von dieser Niederlassung sehr viel. Aber auch die Nachfolgerinnen Siemag (Siegener Maschinenbau GmbH) bzw. SMS (Schloemann-Siemag AG) hatten und haben auch heute noch einen sehr hohen Stellenwert mit ihren Walzwerksanlagen in Russland. Auch die menschlichen Beziehungen zwischen den beiden Geschäftspartnern waren und sind auf allen Ebenen, trotz der unsinnigen verheerenden beiden Weltkriege, ausgezeichnet.

Das russische Zweigwerk musste aber schwere Zeiten durchmachen. So entstand in ihm am Abend des 15. August 1904 ein gewaltiger Brand. Dieser legte die ganze Maschinenfabrik, das Maschinen-und Kesselhaus sowie einen Teil der

Gießerei in Schutt und Asche. 450 600,00 Rubel wurden von der russischen Feuerversicherung für den Brandschaden ausgezahlt. Da man viele Aufträge hatte, wurde sofort nach dem Brand mit dem Wiederaufbau begonnen. Aber nur wenig später während des japanisch-russischen Krieges brachen in Russland Arbeiterunruhen aus, von denen das Rigaer Werk nicht verschont blieb. Wie in allen Rigaer Firmen zu dieser Zeit, war auch auf dem Klein Werk zur Sicherung teilweise eine Militärbesetzung vorhanden. Aber auch die darauf folgende Revolution in Russland brachten für die Firma schwere Rückschläge.

Die Produktion war die gleiche wie im Dahlbrucher Werk. Das Geschäft lief nach der Revolution zufriedenstellend an und es versprach sogar sehr gut zu werden. So waren im Jahre 1912 in Riga 34 Beamte, wie man damals die Angesteilen einer Firma in Deutschland nannte, und 362 Arbeiter beschäftigt. Das Dahlbrucher Mutterwerk hatte zu dieser Zeit 157 Beamte und 540 Arbeiter. Anno 1912 betrug der Umsatz in Riga 2 652 053 kg, was einen Wert von 2 415 367,00 Mark hatte. In Dahlbruch wurden ein Jahr später 5 936 516 kg produziert, was 4 480 592,00 Mark einbrachte.

In diesem Erfolgskurs brach dann 1914 der erste Weltkrieg aus und die Produktion kam in der Rigaer Maschinenfabrik der Gebrüder Klein/Dahlbruch zum Erliegen. Die beiden damaligen Werksleiter wurden zu Beginn des Krieges von den Russen festgenommen. Gustav Klein wurde nach viermonatiger Haft nach Deutschland abgeschoben, während Otto Klein vier Jahre an das Kaspische Meer verbannt wurde.

Im Jahre 1915 wurde der Betrieb in Riga von den Russen vollständig ausgeräumt, so dass nur noch die Gebäude stehen blieben. Ob eine Entschädigung von den Russen hierfür bezahlt worden ist und wie hoch diese war, ist nicht bekannt. Die Produktion jedenfalls wurde von der Firma Klein danach in Riga nie wieder aufgenommen.

Vom Handwerksbetrieb Weiss zum Weltmarktführer

Im Jahre 1864 ließ sich der Wandergeselle Carl Eberhard Weiss in Siegen nieder und fand bei Oechelhäuser eine Beschäftigung als Maschinenschlosser. Er hatte das Schmiedehandwerk erlernt und war zuvor auf der Walz nicht nur in Deutschland, sondern auch in Frankreich und Österreich - Ungarn. Als Sohn des Weingärtners Johann Friedrich Weiss wurde er am 21. Februar 1841 zu Untertürkheim in Württemberg geboren.

Unmittelbar nach Ende des Deutsch - Französischen Krieges im Jahre 1871 gründete er in Siegen einen kleinen Handwerksbetrieb mit zwei bis drei Mitarbeitern. Mit der Produktion richtete er sich nach den Bedürfnissen der einheimischen Industrie. In der Hauptsache wurden verschiedene Karren für Ziegelfabriken, den Bergbau und Steinbrüche hergestellt. Die Rezession verkraftete der Betrieb und die Produktion wurde durch Grubeneinrichtungen und Handwerkzeuge erweitert. Die Belegschaft war in der Zwischenzeit auf 30 Mitarbeiter angestiegen. Der Betrieb wurde von Carl Eberhard Weiss sparsam geführt. So besuchte er sonntags die Gruben und holte seine Aufträge rein. Auch seine heranwachsenden Kinder mussten schon die Post in der näheren Umgebung verteilen, um Porto zu sparen. Sie verrichteten auch Hilfsarbeiten im Büro.

Die beiden Söhne, Carl 1872 geb. und Ernst Heinrich 1876 geb. gingen zunächst in den väterlichen Betrieb und lernten das Handwerk ihres Vaters. Ein Schmied war zu jener Zeit im Siegerland eine sehr angesehene Person. Carl besuchte danach die Maschinenbauschule in Köln sowie die TH zu Stuttgart. Ernst Heinrich machte eine kaufmännische Lehre in Düsseldorf und vervollständigte sein Wissen in Belgien, Frankreich und England. Nachdem Carl weitere Maschinenfabriken kennen gelernt hatte, kehrte auch er 1896 in den Familienbetrieb zurück, der nun um die 40 Beschäftigte hatte.

Die Produktion umfasste immer noch Hämmer, Fäustel und Hacken, die sich sehr gut verkauften, da es handgeschmiedete Ware war. Aber auch Knüppel-, Kessel-,

Kipp- und Seilbahnwagen sowie Seilbahnkästen gehörten dazu. Nach der Gründung war die Firma Weiss kaum beachtet worden. Aber bei ihrem 25-jährigen Firmenjubiläum hatte sie schon Kunden in ganz Deutschland. Denn mit ihrem Dampfhammer brachten sie hervorragende Schmiedestücke auf den Markt sowie Kolbenstangen, Exzenter, Pleuel, Spindeln, Kurbelwellen usw. Auch Gichtwagen, Förderwagen und Hochofengetriebe wurden hergestellt. Selbst vom Ausland kamen schon Bestellungen. Buderus, Mannesmann, Krupp und Thyssen waren deutsche Abnehmer mit einem bedeutenden Ruf.

Die Weisses beschlossen ein eigenes Hammerwerk zu gründen. Das Werk ging am 19. September 1900 mit Namen ''Siegener Stanz- und Hammerwerk GmbH'' in Betrieb. Beteiligt waren an der Gründung mehrere Personen, aber Carl Eberhard Weiss hatte mit 90.000 M den größten Anteil. Mit dabei waren aus Dahlbruch, Kommerzienrat Ernst Klein und Direktor August Klein mit je 10.000 M. Produziert wurden u. a. Kupplungen, Zuganker und Stangenpuffer für die Staatsbahn. Später kamen noch Weichenteile hinzu. Aber auch für den Maschinenbau wurden Teile gefertigt. Das Stanz- und Hammerwerk wurde im Todesjahr des Firmengründers 1904 um einen weiteren Hammer vergrößert.

Im Jahre 1904 erschien bei Familie Weiss der Freund Gustav Leining aus Siegen, der in China Bergwerksdirektor war. Er sollte einen Auftrag über 40 Waggons nach England bringen, bot dieses aber Weisses an. Die packten nach reiflicher Überlegung zu und begannen schnellstmöglich die Waggons am Kirchweg zu bauen. Für den Kohletransport waren die Waggons bestimmt und fassten 60 cbm. Größe und Konstruktion waren in Deutschland noch unbekannt. Die Wagen wurden wegen fehlendem Gleisanschluss im zerlegten Zustand nach Hamburg geliefert, dort montiert und nach China verschifft.

Nachdem ein Auftrag von 20 weiteren Waggons folgte, wollte die Firma Weiss eine Waggonbau - Werkstatt errichten. 1905 erwarb man in Dreis-Tiefenbach Grundstücke für den Fabrikbau. Das Areal lag unmittelbar an der im Bau befindlichen Bahnlinie Weidenau Deuz. Mit ein Grund für den Standort Dreis-Tiefenbach war, dass die Löhne hier niedriger waren als in Siegen oder Weidenau.

Im Jahr der Fertigstellung der Hallen kamen die ersten Aufträge und das Geschäft lief hervorragend. Man hatte in der Zwischenzeit 75 Mitarbeiter und wandelte die Firma in ein selbständiges Unternehmen um. Die Firma hieß ab 20. Januar 1908 "Siegener Eisenbahnbedarf AG". Die nun auftretende Rezession der deutschen Wirtschaft bekam auch das Unternehmen sehr zu spüren. Wenn auch im Geschäftsjahr 1909/10 der Umsatz wieder um 40% stieg, konnten die Kosten nicht gedeckt werden. In diesem Geschäftsjahr wurden 363 Waggons gebaut. Hiervon gingen 20 Waggons nach China, 50 in die holländischen Kolonien und 20 Kesselwagen wurden auf Vorrat gebaut. 1910 gab es eine Fusion der drei Werke Weiss. 282 Arbeiter mit einem durchschnittlichen Monatseinkommen von 110 Mark wurden beschäftigt.

Bis zu Kriegsbeginn blühte die deutsche Wirtschaft. Im Jahre 1916 wurde die Firma Oechelhäuser erworben, in der der Firmengründer als junger Mann gearbeitet hatte. Auch in den Kriegsjahren 1914/18 ging die Produktion durch technische Verbesserungen bei Weisses nicht zurück, obwohl 200 Mitarbeiter zur Waffe gerufen wurden. Sie wurden zum Teil durch Frauen und Kriegsgefangene ersetzt. Das Unternehmen wurde auch in die Rüstungsindustrie einbezogen. Ein ihnen bekannter Hauptmann schlägt den Weisses vor, Granatzünder herzustellen. Da für diese feinen Arbeiten in den eigenen Betrieben die Voraussetzungen fehlten, suchte man nach einer anderen Fertigungsstätte. Die Maschinenfabrik Hoffmann Eiserfeld schien geeignet. Die Weisses einigten sich mit ihnen, erwarben die Aktien, welche nicht mehr in Hoffmanns Besitz waren und man begann mit der Zünderfabrikation.

Auf einer Generalversammlung der Firma Weiss am 20. Oktober 1917 wurde das Aktienkapital um 550.000 auf 2,3 Mill. Mark erhöht. Um die Energieversorgung zu sichern, wurde mit den freigewordenen Mitteln die Eisenhütte der Gewerkschaft Käfernburg zu Nassau an der Lahn erworben.

Die Belegschaft umfasste 1918 im Stanz- und Hammerwerk 116, in Dreis-Tiefenbach 451 und in Nassau 210 Beschäftigte. Erzeugt wurden 1918 im Stanz- und Hammerwerk 2.160 t, im Presswerk 6.150 t, in Dreis-Tiefenbach 462

Güterwagen und in Nassau 544 Güterwagen und 783 t Schrauben. Gegen Ende des ersten Weltkrieges ging die Firma "Siegener Eisenbahnbedarf AG" in den Besitz der Charlottenhütte über. Mit dem Geschäftsjahr 1918/19 begann für die Firmengruppe Weiss ein neuer Abschnitt. Mit den Firmen Oechelhäuser, Carl Weiss und Hoffmann wurde die neue Firma "Siegener Maschinenbau AG" (Siemag) gegründet. Es gab bittere Nachkriegsjahre in Deutschland mit einer sehr großen lang anhaltenden Arbeitslosigkeit. Dazu kam noch die galoppierende Inflation, die die deutsche Wirtschaft fast zum Erliegen brachte. Viele Gruben und Fabriken wurden in dieser Zeit auch im Siegerland geschlossen bzw. wechselten den Besitzer.

Am 1. Juli 1927 wurde die weltweit bekannte "Maschinenbau AG vorm. Gebr. Klein in Dahlbruch" erworben und in das "Siegener Maschinenbau AG" Unternehmen der Weisses eingegliedert. Zuvor war ein Machtkampf um den Erwerb von Kleins vorausgegangen. Von einem Gesellschafter hatte die Demag Aktien erworben und wollte die störende Konkurrenz völlig erwerben und das Werk schließen. Dieses haben Weisses unter Mithilfe von Friedrich Flick glücklicherweise verhindert. Flick hat sich seinerzeit große Sorgen um die Siegerländer Arbeitsplätze gemacht. Damit war die Siemag im Siegerland nicht nur das größte, sondern auch das bedeutendste Unternehmen auf dem Gebiet der Weiterverarbeitung. Die Siemag bestand nun aus den fünf folgenden Betrieben mit ihrer Fertigung.

1. Klein Dahlbruch: Walzwerksanlagen, Blechbearbeitungsmaschinen, Laufkrane.

2. Oechelhäuser Siegen: Kolben- und Gasmaschinen, Kompressoren, Dieselmotoren.

3. Weiss Siegen: Bergwerkseinrichtungen, Drehscheiben.

4. Gießerei Buschhütten: Grauguss, Metallguss.

5. Abteilung Eiserfeld: Ketten und Fahrräder.

Die Weisses, bis dahin unerfahren im Bau und Vertrieb von Walzwerksanlagen, waren gut beraten und hielten an dem fachkundigen Arbeitsstamm und dem Know

- how der Dahlbucher Ingenieure fest. Das Dahlbrucher Werk wurde sehr schnell zur tragenden Säule und zum Mittelpunkt der Unternehmer Weiss.

Es folgten sehr schwere Jahre für das Unternehmen. Für das Dahlbrucher Werk waren Aufträge aus Russland, die hier einen hohen Stellenwert hatten, von großer Bedeutung. Am 31. Dezember 1931 wurden vorsorglich alle Belegschaftsmitglieder vorübergehend entlassen. Im Jahre 1932/33 war der Tiefstand erreicht. Die Betriebe Oechelhäuser sowie Weiss in Siegen wurden geschlossen. Die noch erteilten Aufträge führte das Dahlbrucher Unternehmen durch, welches wieder etliche Mitarbeiter eingestellt hatte. Im Werk Eiserfeld wurde die Fahrradproduktion mit der Marke „INGO" eingestellt, fortgeführt wurde nur die Kettenfertigung mit weniger als 100 Mann. Danach ging es langsam wieder aufwärts und man hatte bald wieder eine Vollbeschäftigung. Es wurden sogar Facharbeiter gesucht.

Eine Referenzliste aus den 30er Jahren der Siemag, Abt. Klein Dahlbruch zeigt eine breitgefächerte Adressenliste. Unter anderem wurden bis dahin folgende Anlagen verkauft. 28 Träger-, Knüppel-, Trio-, Platinen- bzw. Schienenwalzwerke, 35 Brammen- und Blockwalzwerke, 70 Blechwalzwerke, 97 Duo- und Mehrwalzenkaltwalzwerke und 135 Bandeisen-, Feineisen- bzw. Drahtwalzwerke. Für einen Fachmann eine Vielfalt an Referenz. Alleine nach Russland gingen 70 dieser Großobjekte. Damit ist Kleins offenbar ein erheblicher Anteil an der Großindustrialisierung des mächtigen Russlands bzw. der UDSSR zugefallen. So ist zu Beginn des dritten Reiches noch ein großes Quarto-Kaltwalzwerk an die Firma Roter Oktober nach Stalingrad geliefert und montiert worden. Knapp ein Jahrzehnt später stand diese Anlage in den grauenvollsten Kämpfen des zweiten Weltkrieges, es war die Schlacht um Stalingrad.

Nach dem Tod von Ernst Heinrich Weiss im Jahre 1932 wurden von den Aktionären verschiedene Gespräche geführt, um die Besitzverhältnisse so zweckmäßig wie möglich zu gestalten. Alle Überlegungen scheiterten, da man den Zusammenschluss der Unternehmen Weiss (Siemag), der sich sehr gut bewährt hatte, nicht auflösen wollte. So machte Carl Weiss 1933 Bernhard Weiss (geb. am

26 März 1904) ein Angebot auf sukzessiv Erwerb der Aktien seines Stammes. Bernhard Weiss hatte bereits nach dem Tod seines Vaters Ernst Heinrich die Aktien von seinen beiden Schwestern erworben und so seinen Anteil vergrößert. Die Übernahme der Aktien der Familie Carl Weiss sollte schrittweise erfolgen, wobei Friedrich Flick bereit war, die Zwischenfinanzierung zu übernehmen. Diese Transaktion war 1941 abgeschlossen und Bernhard Weiss war alleiniger Inhaber aller Aktien der Siemag Siegener Maschinenbau AG.

Carl Weiss und dessen fünf Söhne erhielten im Gegenzug unter anderem noch den gesamten Haus- und Grundbesitz der Siemag, die Grundstücke und Gebäude der Firma Carl Eberhard Weiss im Siegener Stadtgebiet sowie den Aktienbesitz der anderen Unternehmen.

1934 gelang es Bernhard Weiss einen sehr umkämpften Auftrag in Moskau zu sichern. Es war eine Drahtstraße für Magnitostroi nach dem neuesten Stand der Technik. Der Auftrag war sehr wichtig, denn er sicherte das Unternehmen und seine Arbeitsplätze. Die Drahtstraße lief hervorragend und war von 1936 bis 1992 in Betrieb. Ein Gerüst aus dieser Straße steht heute auf dem Bernhard-Weiss-Platz in Dahlbruch als Industriedenkmal. Das Dahlbrucher Werk erhielt viele Aufträge für den Aufbau der vereinigten Stahlwerke in Salzgitter. So wurden die Engpässe überwunden. In den Kriegsjahren 1939/45 beschäftigte das Dahlbrucher Werk viele Frauen. Aber auch 60 französische Kriegsgefangene sowie 150 ukrainische Zivilarbeiter füllten zum Teil die Lücken auf, die durch die zum Wehrdienst eingezogenen Männer entstanden waren.

Bereits einen Monat nach der Kapitulation vom 8. Mai 1945 durfte in Dahlbruch mit der Produktion wieder begonnen werden. Der Grund war, die Herstellung von Ersatzteilen für die Eisenbahn und den Bergbau, die für die Wirtschaft in Deutschland sehr wichtig waren. Es machte sich nun bemerkbar, dass man in den Kriegsjahren, wenn auch mit großen Mühen, die zivile Produktion nicht vernachlässigt hatte. Wie überall in Deutschland so war auch die Belegschaft bis hin zur Firmenleitung der Siemag, in der unmittelbaren Nachkriegszeit, durch die Säuberungspolitik der Alliierten betroffen.

Im Dezember 1946 starb Carl Weiss sen., nachdem sein Bruder Ernst Heinrich bereits 1932 verstorben war. Es war die zweite Generation im Unternehmen Weiss, die sich im Siegerland große Verdienste erworben hatten. Sie hatten u. a. den Waggonbau ins Siegerland geholt und die Eisenverarbeitung bis zum Spezialprodukt vorangetrieben. Sie waren immer bemüht, die Produktion weiter zu entwickeln, damit das abgelegene Siegerland wettbewerbsfähig blieb.

Trotz großer Bemühungen kam die Fertigung in Eiserfeld nicht zum Laufen. Obwohl man 1947 Vorbereitungen getroffen hatte, in Eiserfeld Schreibmaschinen herzustellen. Der eigentliche Durchbruch kam erst nach der Währungsreform vom 21. Juni 1948, obwohl man Abwertungsverluste von 6,27 Mill. Mark hinnehmen musste. 1950 lag der Umsatz in Dahlbruch bei 12.162.000 DM und in Eiserfeld bei 7.673.000 DM. An Schreibmaschinen lieferte Eiserfeld in diesem Jahr 11.990 Stück und die Gießerei Buschhütten produzierte 4.971 t. Guss. 823 Beschäftigte hatte Dahlbruch am 31.12. 1950, Buschhütten 193 und Eiserfeld 1.295.

Anno 1950 wurde die Firma Heider & Co in Netphen gekauft. Die Abteilungen Kran- und Bergbau wurden von Dahlbruch nach Netphen verlagert. Für den Walzwerksbau wurden von 1954 bis 1959 Lizenzverträge mit Amerikanischen Firmen abgeschlossen. Und zwar mit Morgan (Morgoil Lager), Morgan (Drahtstraßen) und mit United (Warm- und Kaltwalzwerke). Ein Vertriebsbüro wurde in der Berliner Allee 1959 in Düsseldorf eingerichtet, da hier fast alle anderen deutschen Walzwerksbauer zu Hause waren. Mit der Fertigung von Kunststoffverarbeitungsmaschinen begann man 1968. Im Jahre 1969 wurden die Feinmechanischen Werke Eiserfeld an Phillips verkauft.

Im Jahre 1971 wurde Heinrich Weiss, der am 05.06.1943 in Berlin geboren wurde, Vorsitzender der Geschäftsführung der Siemag. Er verkörperte die vierte Generation. Sein Vater Bernhard Weiss wurde Vorsitzender im Aufsichtsrat.

Am 11. Januar 1973 starb ganz plötzlich Bernhard Weiss in Dahlbruch im Alter von 68 Jahren. Er war die dritte Generation in dem Unternehmen Weiss und mit dem Siegerland treu verbunden. Alle seine Entscheidungen hatte er immer, wenn eben möglich für diese Region und damit für diese Menschen getroffen. Er wird durch den Bernhard-Weiss-Platz in Dahlbruch, die Bernhard-Weiss-Klinik in Kreuztal und den Bernhard-Weiss-Saal der IHK in Siegen in Erinnerung bleiben. Er hatte zahlreiche ehrenamtliche Spitzenfunktionen bekleidet, nicht nur als Präsident der IHK Siegen, sondern auch in NRW in deutschen und internationalen Wirtschaftsfunktionen. In der Walzwerksindustrie Europas wurde er zur zentralen Persönlichkeit mit großem Ansehen. Bernhard Weiss lebte in keiner friedlichen Zeit. Er war ein vorausschauender Unternehmer, voller Dynamik, Tatkraft und Ideenreichtum mit sehr hohen menschlichen Qualitäten.

Von großer Bedeutung für das weitere weltweite Wachstum der Siemag war der Kontakt zur Gutehoffnungshütte. Es kam zur Kooperation mit Schloemann, die 1973 mit einer Fusion der Gesellschaften Schloemann und Siemag abgeschlossen wurde. Bei paritätischem Stimmrecht hatte der GHH-AV 51% und die Familie Weiss 49%. Diese Fusion kam der Dahlbrucher Werkstatt auch zu Gute, da Schloemann keine eigene Fertigungsstätte hatte. Es sollte nicht unerwähnt bleiben, dass Bernhard Weiss bereits in den bitteren 30er Jahre Gespräche mit Schloemann geführt hatte mit dem Ziel, dass bald Siemag Monteure die Anlagen von Schloemann in der Welt montierten. Im Jahre 1974 wurde Heinrich Weiss Vorstandsvorsitzender der Schloemann Siemag AG.

Es wäre zu viel, alle Lizenzverträge und Übernahmen von den einzelnen Firmen aufzuzählen. Aus diesem Grunde werden nur einige wichtige Ereignisse aufgelistet. 1977 wurde die Maschinenfabrik Battenfeld erworben und bis 1982 ausgebaut. 1979 wurde die Kapitalmehrheit an Sutton Engineering in Pittsburgh USA übernommen. Anno 1981 wurde die Maschinenfabrik Hasenclever Düsseldorf erworben. 1983 wurde der SMS Pressenbau in die Maschinenfabrik Hasenclever eingegliedert. Im Jahre 1984 wurde das neue große und modern eingerichtete Bürogebäude auf dem früheren Gelände der GHH in Düsseldorf bezogen.

Seit 1980 expandierte das Unternehmen enorm, gründete Auslandsniederlassungen und Vertretungen nicht nur in Europa, sondern auch in Russland, China, Indien,

Afrika, Nord- und Südamerika, um zukünftig allen Herausforderungen auch weiterhin erfolgreich zu begegnen. 1990 wurde die SMS AG als geschäftsführende Holding gegründet. Leider wurde im Jahre 1995 die Gießerei in Buschhütten geschlossen.

1999 gab es eine Fusion mit Mannesmann Demag Metallurgie zur SMS Demag AG. Im Jahre 2000 wurden die Geschäftsbereiche von Rohr- und Kupferanlagen und 2001 der Bereich Profilwalzwerke der Maschinenfabrik Meer zur SMS Meer in die SMS Gruppe integriert. Die Maschinenfabriken von Battenfeld wurden 2007 verkauft. Ende 2007 wurde das letzte Aktienpaket von MAN übernommen, somit ist die SMS group komplett im Besitz der Weisses. Die gute Konjunktur und der fünfjährige Verzicht der Gesellschafter auf Dividende ermöglichten die Übernahme der Aktien von MAN. Dr. Heinrich Weiss, dem 200. die Ehrendoktorwürde durch die RWTH Aachen verliehen wurde, hat 50% der Anteile und seine beiden älteren Schwestern je 25%. 1980 hatte Heinrich von seiner dritten Schwester 25% erworben. Was für ein unglaublicher Werdegang der Familien Weiss. Vom ganz kleinem Handwerksbetrieb anno 1871 bis zum Weltmarktführer auf dem Gebiet des Walzwerkbaues.

Auch die vierte Generation hat mit Dr. Heinrich Weiss wieder einen ganz hervorragenden, agilen Manager, der in sieben Aufsichtsräten sitzt und immer weltweite Verbindungen pflegt. Die Gesellschafter sind noch im Geiste des Vaters erzogen worden und stehen zu dem Unternehmen. Sie haben das Siegerland noch nicht vergessen und investieren noch tüchtig in die SMS Demag AG in Dahlbruch.

Im Jahre 2008 hatte die SMS Gruppe einen Auftragseingang von 5.300 Mill. Euro. Der Jahresumsatz 2007 betrug 2.937 Mill. Euro. Das Eigenkapital der SMS group betrug 486 Mill. Euro. 8.810 Personen waren weltweit im Dezember 2008 beschäftigt. Etwa 90% des Geschäftes macht der Konzern im Ausland. Die SMS GmbH ist für die strategische Planung und Kontrolle der Unternehmensgruppe, die heute auf allen Kontinenten agieren, verantwortlich.

In dem Unternehmen hat im März 2009 ein bedeutender Namenswechsel stattgefunden. Der Name SMS Demag AG wird nun weltweit durch den neuen Namen SMS Siemag AG ersetzt. Alle Aktivitäten werden unter dem neuen Namen uneingeschränkt weiter ausgeführt. Der Name Siemag entstand bereits 1918, als Weisses die Firmen Oechelhäuser, Carl Weiss und Hoffmann zusammen legten und der neuen Firma den Namen Siegener Maschinenbau AG (Siemag) gaben.

Der SMS Konzern ist heute in der Hand der Familie Weiss und absoluter Weltmarktführer bei der Planung und dem Bau von Hütten- und Walzwerken.

5. Straßenbau brachte den Fortschritt

Reckhammer bestimmte die Trassenführung

Als am 1. April 1823 der geregelte Postbetrieb in Siegen eingeführt wurde, da gab es im Siegerland noch nicht viele befestigte Straßen. Meist waren es alte, tief ausgefahrene Hohlwege, die über das Gebirge führten. Dies können wir heute noch an den zahlreichen längst bewachsenen grabenförmigen Vertiefungen sehen. Oft blieb man in den vom Regen aufgeweichten Wegen stecken. Es mussten dann die Anrainer mit ihren Pferden herbei und „die Karre aus dem Dreck ziehen". Ein Ausspruch, der heute noch verwendet wird.

In der ersten Hälfte des vorigen Jahrhunderts ist erst mit dem befestigten Straßenausbau im größerem Umfang im hiesigen Raum begonnen worden. So auch die heutige B 508, die von 1830 bis 1835 gebaut worden ist. Dieser Bericht befasst sich mit dem wohl wichtigsten Teilstück dieser Strecke und zwar von Kreuztal nach Hilchenbach. Vor dieser Zeit hatte diese schon damals sehr wichtige viel befahrene Verkehrsader eine andere Trasse.

Von dem Chaussee-Weg Krombach-Siegen, wo etwa heute in Kreuztal die Eisenbahnschienen liegen, ging die alte Straße ohne großen Bogen bis nach Lohe. Hier splittete sich einst dieser Weg durchs Femdorftal. Er lief dann links und rechts vom Tal am Bergeshang entlang und vereinigte sich wieder in der Höhe von Hillnhütten. Die Trasse führte dann fast gerade über den Berg bis nach Allenbach weiter. Hier bog man im Tal links ab und es ging wieder bergauf nach Hilchenbach. Dieser Weg hat deswegen bis heute den Namen Alte Landstraße behalten. Bereits ab Ferndorf, wo das Tal enger wird, lagen diese Hohlwege, um die Befahrbarkeit durch Sonnenstrahlen zu verbessern, auf der nach Süden zeigenden Hangseite. Die neue Trassierung ist damals nur in Ferndorf und Alt-Hilchenbach, wo sie wie die alte Führung verlief, durch ein Wohngebiet gegangen.

Kreuztal, heute die zweitgrößte Stadt vom Kreis Siegen-Wittgenstein, gab es damals noch nicht. Der Name wurde erstmals 1836 auf einer Kreiskarte aufgeführt. In Dahlbruch durch Zufluss der Rothenbach in die Ferndorf musste ein mächtiges Sumpfgebiet durchquert werden. Die Wasserrechte für Mühlen, Hütten und Hämmer fanden natürlich bei Planung und Bau dieser Straße Berücksichtigung. Wegen dem bedeutenden Müsener Erzbergbau standen in diesem Tal seinerzeit die meisten Hütten und Hämmer in unserem Heimatland. Sie alle wurden durch Wasserräder angetrieben. Wasser war der einzige Energieträger jener Zeit und es wurde sehr oft genutzt, bis es das Siegerland verließ.

Die heutige Bundesstraße macht in Dahlbruch einen Bogen um eine 30 m hohe Werkshalle. Seinerzeit war genau an dieser Stelle der Dahlbrucher Reckhammer mit einem Teich und hat diese Trassenführung bestimmt. In Allenbach hat diese Straßentrasse eine Kurve um ein Wehr. Hier war das Stauwehr zur damaligen Allenbacher Schmelzhütte, was umbaut werden musste. Sie ist bereits 1417 erwähnt worden und die älteste Hütte des Siegerlandes. Solch ein Straßenbau erforderte damals große Anstrengung für Mensch und Tier, denn es gab noch keine Fahrzeuge oder Maschinen, die man einsetzen konnte. Wenn man auch das Pulver zum Sprengen nutzte, so wurde die Muskelkraft des Menschen doch sehr gefragt. Aber das Hebelgesetz nutzten und verstanden sie damals besser, wie wir heute. Es musste besonders in Dahlbruch bis zu einigen Metern das Erdreich aufgeschüttet bzw. hoch geschaufelt oder mit Körben herbeigetragen werden.

Aus diesem Grunde waren große Mengen Gestein und festes Erdreich für diesen gut 11 km langen Straßenzug erforderlich. Es sind sehr viele Menschen, darunter auch Frauen und Kinder, bei der Herstellung beschäftigt gewesen. Ja, es wurden über 50 000 Fuhren mit Pferden, Ochsen und Eseln herbei gekarrt, die verteilt werden mussten. Es ist mit Sicherheit viel steiniger Abraum aus dem Bergbau von Müsen verwendet worden. Drei bedeutende Hohlwege gingen damals vom Müsener Mittelpunkt ins Ferndorftal und wurden für den Transport besonders genutzt. Einer ging nach Lohe und mündete bei Splittung der Straße. Der mittlere führte über Dahlbruch, dann beim Reckhammer vorbei zur Schweisfurth quer durchs Tal. Es war nicht die heutige Müsener Straße, sie muss erst beim Ausbau entstanden sein. Der obere lief über die Winterbach zur Ortsmitte nach Allenbach. Aber auch in vielen Steinbrüchen im Ferndorftal und Umgebung hat man Material los gesprengt und es zum Straßenbau verwendet. Für die Deckenschicht musste das Gestein, falls erforderlich, durch Menschenkraft zerkleinert werden. Dies waren die sogenannten Schotterklopfer. Nach Fertigstellung wurden Barriere - Stellen mit Schlagbäumen aufgestellt. Diese Zollstellen waren in Hilchenbach (Rothenberger Straße), Haarhausen (B 508), Dahlbruch (Müsener Straße) und in Ferndorf (B 508). Die Benutzergebühr wurde nach dem Chausseegeld-Tarif vom Mai 1822 erhoben. Diese Wegegelderhebungsstellen blieben bis in die 1870er Jahre, zum Teil auch noch etwas länger erhalten.

Der Straßenbau brachte den Fortschritt

In den früheren Jahren war die Verwendung von Roheisen bei weitem nicht so bedeutend und die Nachfrage daher viel geringer. Da auch die Holzbestände nicht unbegrenzt vorhanden und die Transportmöglichkeiten sehr schwierig waren, gab es in der Eisenherstellung über einen langen Zeitraum im ganzen Lande keine nennenswerten Verbesserungen. Erst seitdem mehr Landstraßen gebaut wurden, entstanden leistungsfähigere Anlagen.

Man kann eigentlich nur staunen, wie unsere Vorfahren damals auf den schlechten Wegen auf zweirädrigen Karren ohne Bremse die schweren Lasten von Erz und Eisen im hügeligen Siegerland bergauf und bergab befördert haben. Es waren stellenweise ausgefahrene Hohlwege, die über 10 m Böschung hatten und heute noch zum Teil, wenn auch schon mit mächtigen Bäumen bewachsen, in unseren Wäldern zu erkennen sind. In der ersten Hälfte des vorigen Jahrhunderts wurden erst die Straßen angelegt. Die Ortschaften sträubten sich mächtig gegen den Bau, denn es waren böse Erfahrungen mit den Straßen gemacht worden. Sie wurden in

Kriegszeiten, und dies war leider häufig der Fall, als Herrstraßen benutzt und die anliegenden Orte oft beraubt sowie verschandelt.

Wenn wir vor 200 Jahren im Siegerland sozusagen auch nur eine Landstraße hatten, die Hagener - Frankfurter Straße, über Krombach, Siegen, Wilnsdorf nach Kalteiche, so war doch bei der Eisenverarbeitung ein sehr reges Treiben vorhanden. Zu Anfang des 19. Jahrhunderts gab es in unserem Kreis immerhin 29 Hüttenbetriebe und 45 Hammerwerke. Da jeder sich der Wasserkraft bediente und Wasserräder als Energieträger nutzte, standen die Betriebe in folgenden Gegenden an den Wasserläufen: Bei Siegen und im oberen Siegerland produzierten 11 Hütten und 32 Hämmer; bei Eisern, Eiserfeld bis Gosenbach 6 Hütten und 3 Hämmer; im Asdorftal Freudenberg-Kirchen stand eine Hütte sowie 10 Hämmer und im Heller- Daade- und Wildental 11 Hüttenanlagen ohne Hammerwerke. Bei dieser Anzahl von Betrieben ist es auch verständlich, dass es eine Hütten- und Hammerordnung im Siegerland gegeben hat. Der Schwerpunkt lag im oberen Ferndorftal, wo es alleine 5 Hüttenbetriebe und 11 Hammerwerke gab.

Mitte des vorigen Jahrhunderts, etwa 10 Jahre bevor die erste Bahnlinie (1861) im Siegerland in Betrieb ging, waren anstelle der alten Hämmer mit Frischfeuer teilweise Dampfhämmer getreten. Aber auch Walzwerke und Puddelöfen traten immer mehr in Erscheinung. Selbst in den Gruben wurden um diese Zeit die ersten Dampfmaschinen eingesetzt. Wenn auch der billigere und bessere Brennstoff die Steinkohle bei uns im Siegerland fehlte, hat man weiter produziert und die Entwicklung vorangetrieben, indem man sich die Hilfsmittel der modernen Technik dienstbar machte, oftmals begleitet mit heftigen Protesten aus dem eigenen Lager. Wegen den hohen Transportkosten hat man erst in den dreißiger und vierziger Jahren im vorigen Jahrhundert begonnen, ab und zu Koks zu verfeuern, in Deuz stellte Hermann Irle schon 1820 Blechalzen her. Das flüssige Roheisen kam aus einem Holzkohlen-Hochofen und wurde unmittelbar in eine Walzenform gegossen. Übrigens baute 1830 der Gewerke Achenbach aus Fickenhütten bei Tiefenbach den ersten Flammofen. Aus ihm goss er Walzen für sein eigenes Walzwerk. 1833 nahm die Dahlbrucher Hütte das erste

Windzylindergebläse für einen Hochofen in Betrieb. Bei den Gebrüder Klein/Dahlbruch ging 1834 der erste Kupolofen, der im Siegerland zur Aufstellung gelangte, in ihrer Eisengießerei in Produktion.

Die Zeiten waren nicht immer rosig, was besonders das Rohstahlgewerbe merkte. Um bessere Zustände zu schaffen, wurde am 1. Februar 1831 vom Bürgermeister Stahlschmidt in Ferndorf ein Verein der Stahlwerksbesitzer, der Müsener Rohstahlverein, gegründet. Am 1. Oktober 1837 wurde nach dem selben Muster der Freudenberger Rohstahlverein von 12 Firmen ins Leben gerufen.

Der Krieg verzögerte den Straßenbahnbau

Die elektrische Straßenbahn im Kreise Siegen wurde zum großen Teil in den Jahren 1903 bis 1904 gebaut. Sie endete im Norden an der Klafelder Gemeindegrenze. Den Bürgern im oberen Siegerland reichte dies natürlich nicht und man wollte die Bahn wenigstens bis nach Kreuztal haben. Im Jahre 1908 bekam die Elektrische auch die Berechtigung für den Güterverkehr. Da die Firma Engelhardt Achenbach sei. Söhne in Buschhütten keinen Eisenbahnanschluss hatte, wurde ein Vertrag mit der Straßenbahn abgeschlossen, die Güter von und nach der Bahnstation Geisweid zu transportieren. Dies war ein Grund, dass die elektrische Straßenbahn 1908 bis nach Buschhütten weitergeführt wurde.

Viele Anträge wurden gestellt, die Straßenbahn bis nach Kreuztal weiterzuführen. Die Kreisverwaltung hat dies mehrmals zugesichert. Die Pläne scheiterten immer daran, dass in Langenau die Gleise der Reichsbahn gekreuzt werden mussten. Es war nicht problemlos, zumal die Eisenbahndirektion in Elberfeld die Erweiterung des Bahnhofes in Kreuztal zu dieser Zeit plante, mit Anlegung eines Verschiebebahnhofes in Buschhütten. Die Straßenbahnschienen wurden aus diesem Grunde 1913 auch nur bis Langenau weiter gelegt, kurz bevor die Eisenbahnlinie gekreuzt werden musste. Dieser Endpunkt war natürlich nur ein

Provisorium, denn von hier war der Personenverkehr bei weitem nicht kostendeckend. Der Bau einer elektrischen Straßenbahn war schon sehr kostspielig, denn außer dem Schienenstrang am Boden benötigte man auch eine Oberleitung zur ständigen Endnahme für den Strom. Als nun endlich feststand, dass die elektrische Bahn, die über die Provenzialstraße geführt wurde, durch eine Überführung des Bahnkörpers in Langenau weitergebaut werden sollte, brach der erste Weltkrieg aus. Auch durch die nach dem Kriege auftretende große Inflation wurde der Weiterbau bis zum Bahnhof Kreuztal erst 1927 verwirklicht. Die Strecke wurde Ende Juli 1927 in Betrieb genommen. Dass dieser Weiterbau wichtig und richtig war, zeigte der Verkehr auf den Gleisen. So verkehrte damals tagsüber schon alle 20 Minuten eine Straßenbahn von Kreuztal nach Siegen, aber auch von Siegen nach Kreuztal. Auch die Reichsbahn ließ zu dieser Zeit täglich alleine 18 Züge, die Personen beförderten, in jede Richtung fahren.

Im oberen Ferndorftal sah man diese elektrische Bahn als ganz wichtige zweite Lebensader des Verkehrs nach der Reichsbahn in diesem Rahmen an. Daher forderte man seit langem den Weiterbau bis nach Hilchenbach. Die Hilchenbacher bekamen hierbei nicht nur Unterstützung vom Amt Keppel, sondern auch vom Amt Ferndorf, die alle diese Verkehrsentwicklung als großen Fortschritt ansahen. So ist es auch nicht verwunderlich, dass am 3. Juni 1912 in der Mitte dieser zukünftigen Strecke im Gasthof Koch in Dahlbruch (heute Dahlbrucher Hof) eine Versammlung über dieses Thema durchgeführt wurde. Vertreten waren alle in Frage kommenden Gemeinden von Kreuztal bis nach Hilchenbach, die Ämter Ferndorf und Keppel sowie Gewerbe, Handel und Industrie. Bei dieser Versammlung wurde ein Ausschuss gebildet, der diese notwendige Verkehrsverbindung weiter vorantreiben sollte. Der Ausschuss konnte später unter anderem darauf hinweisen, dass das Gleis der Eisenbahnlinie von Kreuztal nach Hilchenbach, was ab Ferndorf auf der Provenzialstraße lag (heute B 508), aus verkehrstechnischen Gründen weiter nach Süden verlegt werden sollte. Es erschien daher als zweckmäßig, dass diese freiwerdende Trasse die elektrische Kreisbahn erwerbe, um so den Weiterbau endlich fortzuführen. Bei diesem Plan, der so einfach und sinnvoll erschien, traten nach einem Gutachten von

Sachverständigen erhebliche Schwierigkeiten auf, besonders aus finanzieller Sicht. Der Hauptgrund dieser Probleme lag in der Gemarkung Dahlbruch, denn hier hätte man die Gleise der Reichsbahn zweimal überqueren müssen. Es waren die Anschlüsse vom alten Dahlbrucher Bahnhof zur Firma Klein und zum neuen Bahnhof.

Am 30. März 1914 wurde deswegen von der Kreisbahn-Kommission folgender Beschluss veröffentlicht: "Nach Kenntnisnahme der von uns aufgestellten Rentabilitätsberechnung, wonach ein Bahnbetrieb Kreuztal - Hilchenbach einen jährlichen Zuschuss von 51 600 Mark erfordern würde und dem Bericht des Amtmannes in Stift Keppel vom 19. Januar 1914, wird beschlossen, von der Weiterführung, so lange nicht eine wesentliche Änderung eintritt, abzusehen." Auch der Kreisausschuss ist am 20. April 1914 diesem Gutachten gefolgt. Nach Krieg und Inflation rechnete die Bevölkerung des oberen Ferndorftales 1930 noch mit der Weiterführung der Straßenbahn bis nach Hilchenbach. Der Weiterbau ist nie verwirklicht worden. Nach Überwindung erheblicher Schwierigkeiten, besonders der Eisenbahnverwaltung, erhielt die Firma Albert Schmidt/Kreuztal am 12. Juni 1928 die Konzession zum Betreiben einer Kraftfahrlinie von Kreuztal über Dahlbruch nach Hilchenbach und zurück. Die Busse fuhren neunmal am Tage in jede Richtung. Die Fahrzeiten waren so angelegt, dass die Reisenden in Kreuztal nach Möglichkeit immer Anschluss von und mit den Zügen hatten. Der Omnibusverkehr hat somit die Verkehrsverhältnisse im oberen Ferndorftal zur damaligen Zeit wesentlich verbessert.

Die größte Steigung der Bahn im Siegerland

Über die neu erbaute Eisenbahnlinie Kreuztal - Hilchenbach rollte am 01.03.1884 feierlich der erste Zug. Für den damaligen Endpunkt Hilchenbach brachte diese Bahn einen enormen wirtschaftlichen Aufschwung. Da Hilchenbach eine Hochburg für das Gerberhandwerk war, brachten die Dampflocks aus allen

Erdteilen Tausende von Fällen auf dem billigsten Wege nach hier. Aber die Stadt wurde auch Verladeplatz der Wittgensteiner Grubenhölzer für die damals aufstrebenden Zechen des Ruhrgebietes. Auch für die weit über Deutschland hinaus bekannte Maschinenfabrik Klein/Dahlbruch kam mit dieser Eisenbahn ein gewaltiger Fortschritt. Das Peitschengeknall war hier noch überall zu hören, denn Hilchenbach hatte zu diesem Zeitpunkt noch Stallungen, wo bis zu 20 Pferde zum Auswechseln standen. Auch die gute alte Postkutsche fuhr noch ins Wittgensteiner Land und zurück. Ja, sogar bis nach Marburg lenkte der Postillion die Rosse von Hilchenbach. Übrigens fuhr die erste Lokomotive in Deutschland am 7. Dezember 1835 von Nürnberg nach Fürth. Es war eine 6,2 km lange Strecke, die einschließlich aller Betriebsmittel (Wagen, Lok usw.) 350 000 Mark gekostet hat. Diese so geringe Summe muss ins Verhältnis gebracht werden zu 40 Pfennig Tagelohn, den die beschäftigten Arbeiter beim Bahnbau erhielten. Die erste Lokomotive wurde Adler genannt. Sie wog 6 Tonnen und brachte eine Leistung von 12 bis 15 Pferdestärken.

Kurze Zeit nach der Eröffnung der Strecke Kreutzal - Hilchenbach wurde die Bahn weiter durchs Wittgensteiner Land bis nach Marburg gebaut und 1888 eingeweiht. Der Bau dieser sogenannten Schwarzwaldbahn über Vormwald nach Lützel hoch war eine ereignisreiche Zeit für Hilchenbach. So sollen ganze Waschfässer von eingelegten Heringen und Hundewagen voller Würste in die Kantinen auf dem Herrnberg und in der Bänkenbach hinaufgefördert worden sein. Aber auch der Polizist Loos hat seine Not gehabt, die heißblütigen Italiener, die beim Gleisbau beschäftigt waren, zu beruhigen.

Übrigens waren beim Bau der Bahnlinie Kreuztal - Hilchenbach auch schon Italiener beschäftigt. So wird heute noch von den alten Dahlbruchern ein Haus in der Hillnhütter Straße, in dem die erwähnten Gastarbeiter damals wohnten, Italienerhaus genannt. Dieses Haus war zuvor ein Schlafhaus der Firma Klein für die von auswärts beschäftigten Arbeiter, was aber nicht mehr im Bewusstsein der Bevölkerung ist. Der äußerst lebhafte Fuhrwerksverkehr auf der Landstraße von und nach dem Wittgensteiner Land wurde durch den Endpunkt der Eisenbahnlinie in Hilchenbach weiter verstärkt. Dem Weiterbau des Gleises sah mancher Fuhrmann mit gemischten Gefühlen entgegen. Der Lokomotive wurde nicht von allen eine große Zugkraft an steilen Bergen zugetraut. Da die Ochsen stärker sind wie Pferde, sagte selbstsicher damals ein Ochsenfuhrmann: "Wat de Isebaa loa ropper brengt, zütt Henke Urse bem Schwanz loa ropp."

Alle Staatsbahnen, die den Kreis Siegen durchlaufen, folgen den der Sieg zustrebenden Wasserläufen bis in die Nähe ihrer Quellen. Sie überschreiten dort oft die Wasserscheide in einem tiefen Felsabschnitt oder führen weiter abwärts durch einen Tunnel aus dem Sammelgebiet der Sieg in das des Nachbarflusses. Die größte Steigung, die die Bahnen im Kreis Siegen haben, ist von Hilchenbach nach Lützel. Sie windet sich in großen Schlangenlinien mal über hohe Dämme, dann wieder durch tiefe Einschnitte und durch einen Tunnel die 220 m Höhenunterschiede empor.

Von dem im Tales Grunde liegenden Städtchen Hilchenbach führt die Bahn durch ein anmutiges Seitental mit frischgrünen Wiesen. Begleitet wird sie von einem kristallklaren in vielen munteren Windungen dahineilenden Gebirgsbach zu dem Dörfchen Vormwald. In einem sanften Bogen kehrt der Zug zurück und steigt an den Bergeshängen allmählich empor. Bald erblicken wir tief unten im Tales Grunde Hilchenbach mit dem stattlichen Seminar-Gebäude und seiner zweitürmigen Kirche. Die Bahn steigt höher und windet sich nach Süden. Nun schauen wir von oben herab in die ineinander-gereihten Dörfer des betriebsamen Ferndorftales. Jetzt biegt der Zug nach Osten ab durch schöne Waldungen und an heimeligen Talgründen vorbei zu der waldumrauschenden Station Vormwald.

Nach kurzer Rast geht es weiter, danach bald durch den Schlossbergtunnel an schroffen Berghängen entlang immer durch Hochwald. Bald sehen wir rechts aus dem Fenster durch eine Waldeslichtung den Geburtsort von Jung-Stilling, das Dörfchen Grund tief unter uns zwischen den Bergen gelegen. Wir sehen nun in östlicher Richtung den Gillerberg, der steil aufsteigt und dicht mit Maibuchen bewachsen ist. Der nördliche Berg, der wie ein Zuckerhut gegen die Wolken steigt, wird Geisenberg genannt. Auf seiner Spitze liegen Ruinen eines alten Schlosses.

Geisenberg und Giller liegen links von der Bahn, die weiter mit den bewaldeten Bergen emporsteigt bis zum höchstgelegenen Dorf des Kreises Siegen zur Station Lützel. Durch die Einführung der Eisenbahn vollzog sich innerhalb weniger Jahrzehnte eine unvorstellbare Entwicklung der Verkehrsverhältnisse. Mit mehr als zehnfacher Geschwindigkeit, wie auf der Landstraße, wurden Güter und Personen nun befördert. Die Reisekosten und die Frachtpreise verringerten sich, besonders bei größeren Entfernungen auf einen Bruchteil. Der Ausspruch des deutschen Kaisers war schon zutreffend: "Die Welt am Ende des 19. Jahrhunderts steht unter dem Zeichen des Verkehrs."

6. Der Erfinder des Schleudersitzes

Ahoi, der Erfinder des Schleudersitzes

Der Erfinder des Schleudersitzes, Ulf Weiß-Vogtmann, wurde im WC Jahr 00, wie er es zu sagen pflegte, am 10. Januar in Berlin geboren. In diesem Jahr machte auch der erste Zeppelin den Start in die weite Welt. Sein Vater, Dr. Oskar Weiß, baute 1901 die damals modernste Frauenklinik Westfalens in Hilchenbach und führte sie. Wegen seiner Erfindungen eines im ersten Weltkrieg erfolgreich angewandten Mittels gegen Wundstarrkrampf und eins gegen Asthma verschafften dem Arzt in Fachkreisen große Anerkennung.

Ahoi, wie Ulf Weiß-Vogtmann später auch genannt wurde, hatte als Soldat und Freiheitskämpfer mehrere Auszeichnungen für seine Tapferkeit bekommen. Er war 1919 an der Niederschlagung des Spartakus Aufstandes beteiligt, bei der Erstürmung des schlesischen Annabergs, wirkte bei der Befreiung Rigas mit und kämpfte im Kurland gegen die Rotarmisten. Bereits mit 19 Jahren wurde er aus Tapferkeitsgründen zum persönlichen Adjutanten des Fürsten Awaloff Behrmond. Hermann Göring zitierte den Hitlerfeind Ahoi auch zu sich. Aber er hatte die Gestapo hinters Licht geführt, indem er eine Fahndung mit gefälschtem Pass über sich selbst heraus gegeben hatte. Dass bei solch einer Lebensführung dieser Haudegen auch zu Tode verurteilt worden war, versteht sich von selbst. Als 18jähriger war Ulf Weiß-Vogtmann mit Karl Liebknecht und Rosa Luxemburg gut bekannt. Da die ostzonale Presse die spätere Laufbahn von Ahoi nicht verstehen wollte, behaupteten sie, er wäre an der Hinrichtung der beiden oben erwähnten Spartakus–Begründer beteiligt gewesen. In Frankfurt gab es nach einem Prozess hierüber ein klares Dementi – aber keine Entschädigung.

Von seinem Vater übernahm Ulf die Begeisterung für den Ballonfahrersport. In den 1920er Jahren war Oskar Weiß ein sehr bekannter Ballonfahrer, hat manchen

Siegespokal erkämpft und erhielt den Ehrennamen „Zeppelin von Westfalen." Von ihm erhielt sein Sohn Ulf einen maßgeschneiderten Einmann-Ballon. Auf dem Flughafen Berlin-Staaken sprang er 1926 zum ersten Mal nach oben. Es war eine Sensation in Anwesenheit der Weltpresse und berühmten Fliegern, darunter der weltbekannte Kunstflieger Ernst Udet. Vom Winde getragen sprang er mit dem feuergefährlichen Wasserstoffgas gefüllten Ballon nicht nur über die Zeppelinhalle, sondern erreichte er bei einem späteren Versuch eine Höhe von 800 m und eine Weite von 30 km. Es war der inoffizielle Weltrekord und soll bis zum heutigen Tage von keinem anderen Ballonspringer erreicht worden sein. Das Ballonspringen war schon eine gefährliche Angelegenheit, denn der Springer hing an einem Kreuz unter dem Ballon.

Dr. Oskar Weiß hatte das erste Automobil, einen Horch, im weiten Umkreis. Da er auch ein Jäger war, ließ er ins Wehbachtal aus hölzernen Eisenbahnschwellen in der Nähe der Ginsberger Heide eine Hütte bauen. Diese Hütte wurde Jahre später Ahoi Hütte genannt, weil hier Ahoi, der Erfinder des Schleudersitzes sein Domizil aufgeschlagen hatte. Im Wald begegneten einem hölzerne Wegweiser, auf denen Ahoi stand. Wie es zu diesem Namen kam, wird später erklärt. Dieser Hilchenbacher Rübezahl Ahoi hatte auch eine Karriere als Kunstradfahrer im Zirkus Sarassani.

Ulf Weiß-Vogtmann erfand 1934 den Katapult Flugzeugschleudersitz, aus dem die bis heute benutzten Pilotenschleudersitze hervorgingen. Durch diese Erfindung hatte er Tausenden Menschen das Leben gerettet. 1969 hatte eine Frankfurter Zeitung errechnet, dass 7683 Menschen ihr Leben dieser Erfindung des Hilchenbachers verdanken. Seit dieser Zeit sind noch etliche dazu gekommen, deren Leben durch den Schleudersitz gerettet wurde. Widrige Umstände verhinderten die Anmeldung dieses Patentes in Berlin-Staaken und somit hat Ulf nie einen Pfennig für diese hervorragende Erfindung erhalten.

Die ersten Schleudersitze wurden mit Pressluft angetrieben. Moderne Schleudersitze wurden mit Raketen aus dem Flugzeug geschossen. Im Falle eines drohenden Absturzes oder einer unvermeidlichen Kollision katapultierte der

Schleudersitz mit samt Insassen aus dem Flugzeug in eine sichere Entfernung und landete dann mit dem automatisch aufgehenden Rettungsfallschirm. Das erste Flugzeug, das serienmäßig mit einem Schleudersitz ausgerüstet wurde, war der ab 1940 entwickelte Nachtjäger Heinkel He-219. Aus dieser Maschine konnten sich im zweiten Weltkrieg 60 Besatzungsmitglieder durch den eingebauten Sitz retten. Der erste Hubschrauber, der mit einem Schleudersitz ausgerüstet wurde, war der russische Kamow Ka-50. Die Rotorblätter wurden bei Aktivierung des Rettungssitzes automatisch abgesprengt.

Die Konstruktionspläne dieses Schleudersitzes verschwanden seinerzeit in die Schranken eines Berliner Ministeriums. Nach dem Zusammenbruch des Hitler-Regimes gelangten diese Pläne in britische Hände. Eine englische Firma, die dieses Projekt weiter entwickelte, verdiente später Millionen Pfund damit. Aber der eigentliche tausendfache Lebensretter, der Erfinder dieses Schleudersitzes hat nie etwas erhalten. Ist er nicht somit um Millionen betrogen worden? Ahoi, der auch Harmonikaspieler war, brauchte keine Millionen für Petroleum, Hüttenkost und Briefmarken. Das bärtige Hilchenbacher weithin bekannte Original, der Erfinder des Schleudersitzes, erhielt den Namen Ahoi von seinem Freund dem Seeteufel Graf Luckner. Es ist die Abkürzung eines Gesinnungssatzes „Adolf Hitler ohne Interesse." (A = Adolf, h = Hitler, o = ohne, i = Interesse)

Der wagemutige Flug- und Ballonsportpionier gehörte der Gemeinschaft roter Adler an und war Ehrenmitglied des Flugsportclubs roter Barone, an die der Kampfflieger des ersten Weltkrieges Manfred von Richthofen erinnerte. Ja, er gehörte zu denen, die als erste mit ihren klapprigen Kisten ein damals noch lebensgefährliches Abenteuer starteten. Ehrenmitglied verschiedener Vereinigungen war er, so auch im Ballon–Sport-Club Hilchenbach. Es gab kaum einen Flug- und Raketenpionier, mit dem der bärtige Ahoi nicht befreundet war. Er hatte lange in Berlin gewohnt. Nachdem er fast alle Kontinente bereist hatte, zog es ihn zurück in die Hütte bei Hilchenbach am Rothaarsteig, wo keine Benzinkutschen fahren durften. Hier in der heimischen Waldeinsamkeit hat er nach Abenteuern in der ganzen Welt Ruhe und Frieden gefunden.

In dieser Ahoi Hütte, die zwischen deutschen Eichen und kanadischen Kiefern stand, waren viele Persönlichkeiten der Zeitgeschichte zu Gast. So unter anderen der Heidedichter Hermann Löns, Graf Luckner der Seeteufel und der Kunstmaler Emil Nolte. Aber auch die Raketenforscher Rudolf Nebel und Wernher von Braun sollen schon Hüttengäste gewesen sein und noch etliche Persönlichkeiten mehr.

In dieser aus Eisenbahnschwellen gezimmerten Hütte lebte unser Adler viele Jahre wie ein Eremit. Er pfiff auf Anerkennung und Reichtümer, die bedeutende Erfindungen ihren Schöpfer üblicherweise einbringen. Nur im Winter zog er für einige Wochen ins Winterquartier nach Frankfurt. Wer vermutete, dass dieser Einsiedler, der unserer Wohlstandsgesellschaft den Rücken gekehrt hatte und auf Ruhm und Ehre verzichtete, ein Menschenfeind war, der irrte sich gewaltig. Er war immer gastfreundlich und besaß ein sehr reich verziertes stilles Örtchen. Der alte Ulf mit dem Rauschebart und den schneeweißen Haaren zeigte immer noch Humor. Wenn man sich in der urgemütlichen Hütte auf einen der Polstersessel setzte, verursachte dieser Geräusche, der Damen erröten ließ. Eine Pfeffermühle, die Ahoi betätigte, machte Stimmen wie ein Schwein am Spieß. Zucker in den Kaffee zu tun, blieb erfolglos, denn der Löffel war ausgehöhlt. Wer ein gewisses Figürchen hoch hob, bekam einen Wasserstrahl ins Gesicht.

Der „alte Adler" mit dem jungen Herzen, von dem zahlreiche Gedichte über die Naturschönheiten des Siegerlandes und Verse über die Fliegerei stammen, verbrachte seinen Lebensabend in einem Seniorenheim im Taunus. Aber oft zog es ihn auch im hohen Alter in den Wald zu seiner Hütte unweit des Gillers. Nach einem Schlaganfall ist der Luftpionier „Ahoi", der in der Heeresversuchanstalt Peenemünde kein Unbekannter war, am 27. Oktober 1989 in Friedrichsdorf im Taunus verstorben. Er, der sich um die Luftfahrt verdient gemacht hatte, wurde am 8.Dezember 1989 in aller Stille in Hilchenbach beigesetzt.

Die grauenvollsten Minuten von Siegen

(Itz schmisse se Denger ronner wee Deckwurzeln)

Das tausendjährige Reich war erst 11 Jahre alt und ging schon langsam zu Ende. Die Herrschaft der Luft über deutschem Hoheitsgebiet hatten die Feinde zum Teil schon erobert. Das merkte man auch an den vielen Luftwarnungen, die Ende 1944 über die Volksempfänger ausgestrahlt wurden. Es waren am Sonntag den 10. Dezember 142, Montag 149 und Dienstag 156 Warnmeldungen. Mittwoch und Donnerstag waren wegen dichtem Nebel verhältnismäßig ruhige Tage mit 25 bzw. 55 Warnungen. Von Freitag bis Samstagmittag 14:44 Uhr kamen erneut 160 Warnmeldungen.

Die dann folgenden Meldungen, nach Unterbrechung des Reichsprogrammes, in vollem Wortlaut aus Nordpol-Richard 4:

14:45 Uhr Fliegeralarm

14:47 Uhr Überraschender Einflug eines Kampfverbandes bei Siegburg-Linz, Spitze bei Weyerbusch, Kurs Nord und Nordost

14:50 Uhr Mehrere Kampfverbände in dem Raum Linz, Weyerbusch-Koblenz.Ein Kampf-verband bei Westerburg, Kurs Ost

14:53 Uhr Akute Luftgefahr

14:54 Uhr Sehr viele Flugzeuge bei Weyerbusch, Altenkirchen, Wissen und Daaden, Kurs wechselnd

14:55 Uhr Viele Flugzeuge bei Wissen und Betzdorf, Kurs Nord

14:57 Uhr Flugzeuge bei Wissen, Betzdorf , Freudenberg, Würgendorf, Siegen. Es handelt sich um sehr viele Flugzeuge, Höhe 4 000 Meter, Vorsicht vor Bordwaffenbeschuss Hier endet die Urniederschrift in Siegen, die noch fehlenden Worte"und Bombenabwürfen" wurden später nachgetragen.

Denn um 14:58 Uhr – es war Samstag, der 16. Dezember 1944 – begann der grauenvolle Angriff auf Siegen. Beobachtungsstellen haben die angreifenden viermotorigen Bomber mit 400 Stück angegeben, die ein ohrenbetäubendes Dröhnen hervorriefen. In nur sieben Minuten, länger dauerte der Angriff nicht, wurden unzählige Brand- und Sprengbomben mit hochempfindlicher Zündung und großer Breitenwirkung auf die schöne, altehrwürdige Stadt Siegen abgeworfen. Heute, über sechs Jahrzehnte später, werden bei Erdarbeiten ab und zu noch Bomben von diesem erbarmungslosen Angriff gefunden.

Der Himmel war bei Dunkelheit an diesem Tage im Siegerland noch feuerrot und ging später in riesige Rauchwolken über. Die gewaltige Hitze der brennenden Stadt ließ aus den zertrümmerten Gebäuden Papiere und alles Mögliche in die Lüfte steigen. Ich kann mich noch erinnern, dass wir als Kinder in 15 km Entfernung noch Tage später die verbrannten Papierstückchen, die vom Himmel schwebten, auffangen wollten.

Sehr lange nicht endende Verkehrsschlangen bildeten sich auf den Straßen. Nicht nur aus allen Ortschaften des Siegerlandes, die eine Feuerwehr hatten, sondern aus den meisten westfälischen Städten rollten Feuerwehren, Luftschutzmannschaften und Rettungszüge mit allen möglichen Fahrzeugen und Geräten nach Siegen. Auch in entgegengesetzter Richtung war mächtig Bewegung. Es waren Menschen, die ihr Leben und eventuell ein paar Sachen gerettet hatten. Sie flüchteten aus ihrer völlig zerstörten, lichterloh brennenden Stadt, oft ohne zu wissen, was mit ihren nächsten Angehörigen geschehen war.

Siegen soll, was Bunker und Stollen betrifft, mit den besten Schutz aller deutschen Städte für die Bevölkerung gegeben haben. Dreizehn Minuten nach dem Sirenengeheul ”Fliegeralarm” und fünf Minuten nach dem Signal ”Akute Gefahr” erfolgte der Angriff. Sicherlich hätten sich noch einige Menschen mehr in Sicherheit bringen können, denn es war genug Platz in den Bunkern vorhanden. Aber es war der freie Samstagnachmittag. Vieles war noch für den Sonntag vorzubereiten bzw. zu erledigen und es war bisher ja immer gut gegangen.

Auf Siegen sind mehrere Angriffe geflogen worden und die alte ehemalige Bergstadt soll mit zu den am meisten zerstörten Städten des zweiten Weltkrieges in Deutschland gehört haben. Der Angriff am 16. Dezember war so grauenvoll, dass selbst nach Tagen und Wochen, ja sogar noch nach Kriegsende, Leichen geborgen wurden. 348 Tote hat es bei diesem Vernichtungsschlag gegeben. Die Opfer waren zum größten Teil Zivilisten. Wären nicht so viele hervorragende Luftschutzbunker da gewesen, hätte es ganz bestimmt weit, weit mehr Tote gegeben. In der Siegener Zeitung, die an einem anderen Ort gedruckt wurde, stand wenig später: "Was Bürgerfleiß in sieben Jahrhunderten errichtete, wurde in sieben Minuten vernichtet."

In dem Heft Nordpol - Richard 4 schildert Dr. Erich Baeumer, der nach kurzer Dienstzeit als Sanitätsoffizier zur ärztlichen Versorgung der Bevölkerung zurückberufen wurde, einige Begebenheiten nach diesem Angriff. „Eine beträchtliche Zahl von Menschen, die ich ärztlich betreute, starb an diesem Tag. Annemarie Frevel, ein frisches junges Mädchen, das am Vortage noch bei mir war, lag tot in der unteren Wilhelmstraße. Fritz Weigel, Straßenbahnführer, kehrte nach Verlassen seines Wagen noch einen Augenblick zurück, um sein Butterbrot zu holen, dann lief er in den Sprengbereich einer der ersten Luftminen, die fielen. Von den gleichen Luftminen wurden mehrere Häuser zerschmettert und begruben zurückgebliebene Einwohner unter sich. So auch das Ehepaar Schuhmacher Kraemer, das ich oft besuchte. Straßenweise lagen einzelne oder mehrere Tote in verschütteten Kellern. Ein freundlicher Franzose D' Autriche, pflegte samstags mit seinen Freundinnen Yvette aus Paris und L'eone aus der Normandie zu einem kleinem Amüsement nach Siegen zu gehen. Am Tiergarten kurz vor der Stadt fand man sie, nur noch Reste von Menschen, viele Meter durch die Luft gewirbelt, an Kleiderfetzen erkennbar.

In der Breitenbachstraße lag mein Patient Rothenpieler mit Mandelentzündung und feuchtem Halsumschlag zu Bett. Seine gemütsruhige Frau spähte nach dem Himmel und sagte: ,Itz sehn ech de Fliejer, en ganze Masse. - Itz fenge se Lechter ah!' Dem Kraken wurde es unheimlich, er erhob sich. Als seine Frau berichtete:

‚Itz schmisse se Denger ronner wee Deckwurzeln', da sauste er die Treppe hinab von seiner Frau gefolgt. Hinter ihnen her kamen Scheiben und Dachziegel, glücklicherweise nicht mehr, weil die Bomben nicht ganz in der Nähe fielen.

Ewald Haas, damals 17 jährig, der in der Heinrichstraße nahe der koch'schen Kesselschmiede wohnte, erzählte mir: ‚Mit meinem Bruder und einem Freund war ich hinter unserem Haus beschäftigt. Meine Eltern waren in die Stadt gegangen. Die ständig wiederholten Alarme, denen in unserer Gegend bisher noch kein Unheil gefolgt war, hatten uns sorglos gemacht. So blieben wir diesmal beim Haus, um unsere 40 Kaninchen zu versorgen. Da hörten wir leise und dann sehr schnell immer lauter das tiefe Brummen, wie es große Kampfverbände hervorbringen. Mein Freund rief: ‚Flieger, Flieger, der ganze Himmel voll.' Von drei Seiten kamen sie in großer Zahl, ich sah sie Rauchzeichen geben. Mein Bruder rief: ‚Sie werfen schon,' dabei suchte er unter dem Kaninchenstall Deckung. Dann sah ich unser Haus auseinander fliegen. Ich fühlte mich halb taub und hatte die Vorstellung, es würde rund um mich an schrecklich dröhnende Blechfässer geschlagen. Ich fühlte Schmerzen am Kopf und Rücken. Dann muss ich bewusstlos geworden sein. Als ich wieder zu mir kam, hörte ich lautes Schreien. Die Mutter meines Freundes jammerte um ihren toten Jungen. Er und mein Bruder waren durch Splitter zerfetzt und ihre Körper von Trümmern bedeckt.

Lasst uns nun mit unseren Gedanken nach Weidenau gehen, wo unser Arzt zu Hause war, und über den Angriff vom 7. April 1944 auf seinen Heimatort, einige Aussagen von ihm in gekürzter Form aufgelistet:

„Es waren etwa 200 schwere Sprengbomben, die in einem Teppichabwurf fielen. Er umfasste die Schulstraße, den mittleren Teil der unteren Friedrichstraße, die Gegend von Oberschule und Krankenhaus und das Gelände der Grube Neue Haardt. Ich blieb nach dem Angriff beim Hammerwerk, weil ich dort am ehesten gefunden werden konnte. Es hat eine große Verwüstung gegeben und viele Häuser waren bis auf die Grundmauern zerstört. Es hatte aber den Anschein, dass alle Bewohner in Sicherheit gewesen waren.

Da kam nach einer Stunde ein Bote gerannt: Ärzte zum Stollen an der Grube Neue Haardt. Dort sind Tode und Verletzte. Ich eilte durch ein ausgedehntes Trichterfeld auf das verwüstete Grubengelände. Dort waren schon Leute dabei, Menschen aus dem Stollen zu schleppen. Tote und röchelnde Bewusstlose mit bläulich blassen Gesichtern.

Bald lagen auf zusammengetragenen Brettern die Reihen der mit großen Anstrengungen aus dem engen Stollen heraus geschafften Männer, Frauen und Kinder. Bei vielen war Hilfe nicht mehr möglich. Aber bei einer großen Zahl führte das Freimachen der Atmung durch Vorziehen der Zunge und Einschieben von Holzstückchen zwischen die Zähne zur Behebung des Luftmangels. Bei anderen war außerdem künstliche Atmung und Einspritzen von Kreislaufmitteln nötig um Erfolg zu sichern. Verzweifelte Eltern verlangten von den Ärzten das Wunder der Rettung ihrer Kinder, die blass und stumm da lagen. Männer knieten im trostlosen Schmerz neben ihren toten Frauen. Und über allem stand dumpf drohend und beklemmend der Gedanke: Was geschieht, wenn der Angriff jetzt wiederholt wird?

Vier Kinder, Böhmer und Schmidt, alle Enkel von Frau Spelz und mir von Geburt an bekannt, erwachten nicht wieder. Ebenso der nette kleine Junge Nowak. Bei einem älteren Mann suchte ich vergebens nach Lebenszeichen, erst dann erkannte ich, dass es Lehrer Bernhardt war, der so manchen schönen Abend bei uns verbracht hat. Etwa zwanzig Leben forderte dieser Angriff und besonders traurig war, dass der Tod hier tückisch seine Opfer holte als scheinbar längst alle Gefahr vorbei war. Es waren   Explosionsgase einer Bombe durch die beschädigte Abschlusstür in den Bunker hinein gezogen und die Leute wurden vergiftet. Der Tod kam so unmerklich, dass die Leute buchstäblich einschliefen.

Die Toten wurden zum Teil in die Friedrichschule gebracht. Es dauerte zwei Wochen bis alle begraben waren, denn nun war die Zeit gekommen, in der es keine Stunde mehr gab, um in Ruhe ein Grab zu schaufeln oder einen Sarg zu schreinern. In der Morgendämmerung wurden die Opfer, meist in Kisten, die

Angehörige und Freunde aus Tür- und Fußbodenhölzer zerschmetterter Häuser hergestellt hatten, von diesen begraben.

Es ist verständlich, aber doch auffallend, dass in Zeiten so schwerer Not eine große Abstumpfung der Menschen gegen Todesnachrichten eintritt. Im trostlosen Spätwinter 1945 war bei sehr vielen Menschen der Gedanke an den eigenen Tod kein Schrecken mehr. Sie fürchteten die Qualen der Verschüttung und des Verbrennens, aber sie waren des Lebens müde. So manchmal hörte ich sagen: Wie schön, so leicht zu sterben, wie im Stollen an der Haardt am 7. März."

Die Tankfüllung war im Rucksack

Es war im Mai 1946 und ein Kraftfahrer betrat mit einer Tankfüllung auf dem Rücken das Gasthaus. Er war mit einem Holzvergaser PKW unterwegs und hatte einen großen Rucksack voll Tankholz auf dem Rücken. Neben die Garderobe stellte er die Tankfüllung und setzte sich so, dass er sie immer im Auge hatte. Leichtsinnig wäre es gewesen, den Rucksack mit den begehrten Buchenholzstückchen seinerzeit auf dem Dach des PKWs, wo er während der Fahrt lag, liegen zu lassen. Denn er wäre ganz schnell entwendet worden. Der Fahrer bestellte sich Tee und Kartoffelsuppe, was zu den wenigen Dingen zählte, die zur damaligen Zeit noch ohne Lebensmittelkarten zu bekommen waren. Er schaute nachdenklich in der großen Gaststube zu dem Hartholz Parkett Fußboden. Mit diesem herrlichen Brennstoff, dachte er, könnte man sehr viele Kilometer fahren. Kleine Rußflöckchen rieselten ihm vom Haupte, denn er hatte schon eine lange Reise hinter sich und hatte dabei den Generator mehrmals bestücken müssen.

So wie jener Kraftfahrer 1946 unterwegs war, ist heute noch manchmal der Siegerländer Holzvergaserpapst Alfons Jung aus Kreuztal Eichen mit seinem Opel Kapitän, dem Holzvergaser von 1938, auf Tour. Nur die Tankfüllung nimmt er bei einer Pause nicht mit in die Gaststätte, sondern lässt sie in einem großen Holzkoffer auf dem Dach des Opels. Der Kapitän hat 6 Zylinder 2472 cm³ und eine Leistung von von 55 PS im Benzinverbrauch. Umgerüstet wurde er 1944 auf Jmbert-PUK-Generatorgaserzeugung und zwar für Braunkohle, Holz und Torf. Die Leistung im Gasbetrieb lag etwa bei 39 PS.

Der Generator wird, wie es üblich ist, nach dem Namen des Erfinders genannt. Es war Georges Imbert, der 1884 in Lothringen geboren wurde. 1921 baute er den ersten mit Holzkohle betriebenen Gasgenerator. Ein Jahr später lief das erste Kraftfahrzeug mit diesem Prinzip.

Während des zweiten Weltkrieges mussten wegen der Benzinrationierung alle Zivilfahrzeuge auf Gasbetrieb umgestellt werden. Der Aufruf des Reichsministers Albert Speer vom 22. Oktober 1942 lautete: „Ich weise darauf hin, dass die Versorgungslage für flüssige Brennstoffe allen Haltern von Nutzfahrzeugen im eigenen Interesse die Umstellung auf den Betrieb mit Generatorgas zur Pflicht macht. Wer sein Fahrzeug nicht umstellt, kann in absehbarer Zeit nicht damit rechnen, weiterhin Benzin oder Diesel-Kraftstoff zu erhalten. " Kurzfristig durfte auch mit Benzin gefahren werden, um in geschlossenen Räumen zu rangieren, den Startvorgang zu beschleunigen und um den Leistungsabfall bei Steigungen auszugleichen. So wurden in diesem Krieg etwa 6 Mio. Kfz mit Generatorgas betrieben. Über 300 000 km war immerhin die Fahrleistung dieser LKWs. Neben Deutschland gehörten auch Russland, Schweden und die Schweiz zu den Ländern, die ihre zivil genutzten Fahrzeuge auf Holzgas umstellten.

Wegen des Treibstoffmangels wurden ab 1942 auch Gasschlepper in Serie gefertigt. Aber auch etwa 2 000 Holztankstellen wurden im Lande errichtet, in denen trockenes Holz in Streichholzschachtel-Größe verkauft wurde. 2,5 bis 3 kg trockenes Hartholz entspricht etwa ein Liter Benzin.

Mit einer Kesselfüllung, das sind etwa 50 kg entrindete, trockene Buchenholzstückchen, fährt Alfons Jung mit seinem Kapitän circa 100 km. Dann muss an den Straßenrand oder auf einen Parkplatz gefahren werden. Die

Rüttelvorrichtung wird nun kräftig bewegt, so dass die Asche durch das Sieb fällt. Nun muss die Asche entfernt werden und der Tank (Generator) wird erneut mit Holz gefüllt. Hat man nun genug Gasdruck erreicht, kann die Fahrt fortgesetzt werden.

Frisch geschlagenes Holz ist und war immer für solch einen Gasgenerator zu feucht. Es war der Grund für manch einen Ausfall. Die Betriebsanweisung beschrieb in diesem Fall „müssen sie meilern." Der Ablauf ist folgendermaßen beschrieben: „Öffnen Sie die Schnüffelklappe, klemmen ein Stück Holz dahinter, damit die Luft ungehindert durchströmen kann. Dann neuen Kraftstoff abfüllen. 30 bis 40 Minuten bei geöffnetem Deckel warten, so dass die Feuchtigkeit entweichen kann. Deckel schließen und wie gewöhnlich anfachen und starten."

Als der Holzvergaserpapst im Juni 2006 zu einem Oldtiemertreffen nach Ulm, mit seinem Holzvergaser Kapitän unterwegs war, fing der Motor an zu stottern. Was war los? Alfons als alter Fahrensmann war schon so oft wie möglich durch Schlaglöcher gefahren. Dabei wurde der Generator tüchtig durchgerüttelt, um ein gefürchtetes Hohlbrennen zu vermeiden. Oder waren etwa Fichtenstücke in den Kessel geraten, die Harz abgesondert hatten? Es half nichts, Alfons musste am Straßenrand anhalten. Er öffnete den Fülldeckel und stocherte mit dem Schürharken im Kessel. Dabei muss er ungewollt in ein Gasnest gestochen haben. Es gab eine Verpuffung und Alfons stand im Rauch - und Asche rieselte über sein Haupt. Sofort hielten andere Fahrzeuge an. „Sind sie verletzt? " „Können wir helfen? " „Sollen wir die Feuerwehr rufen?"

Im April 2011 fuhr Alfons mit seinem Holzvergaser-Trecker über die Hochalpenstraße auf den Großglockner. Es war ein Deutz aus dem Jahr 1927 mit 56 PS. Er erreichte die historische Passhöhe von 2 576 m. Dabei zog er die Blicke vieler begeisterter Menschen auf sich. Er bekam manchmal Applaus auf der Strecke, denn dieses Schauspiel war schon eine Seltenheit auch für den weit bekannten Großglockner.

Alfons, der 80 Jahre ist, war ein begeisterter Segelflieger und hatte verschiedene Flugscheine. Aber auch zwei gut laufende Transportunternehmen hat er aufgebaut. Es sind die Firmen Transport Jung und Treber Jung. Im Industriegebiet Backeswiesen in Kreuztal Buschhütten ist der gemeinsame Standort. 50 Mitarbeiter gehören zurzeit zu den beiden Speditionen und etwa 30 Nutzfahrzeuge.

Der Holzgasantrieb arbeitet folgendermaßen: In dem ofenähnlichen Gaserzeuger wird Holz, wobei trockenes Hartholz am besten ist, zu Holzkohle verkohlt. Durch die Zuführung von Frischluft entsteht eine Temperatur bis zu 800 Grad Celsius. Sie reicht aus, die brennbaren Bestandteile des Holzes in Gas umzuwandeln. Über einen Reinigungsbehälter und den Kühler gelangt das Gas zum Motor, in dem es über eine Drosselklappe gemischt mit Frischluft geblasen wird. Die Motorleistung ist um 30% geringer als bei einem Benzinmotor. Etwa 100 km kann man mit einer guten Ofenfüllung fahren.

Selbst Militärfahrzeuge waren im letzten Krieg auf Gasbetrieb umgestellt. Es waren LKWs, Busse, Mannschaftswagen, Kübelwagen, Motorräder und sogar Kettenfahrzeuge hatten Holzgasantrieb. Viele liegengebliebene Militärfahrzeuge, auch LKWs von den Gegnern, wurden nach dem Krieg mit einem Imbert Generator versehen. Da weit über eine halbe Millionen solcher Fahrzeuge auf deutschen Straßen nach dem Krieg fuhren, sah man am Rand der Landstraßen oft keine Aschehäufchen liegen. Erst 1950 nahmen die letzten Speditionen von den Holzvergasern Abschied. Wenn der Motor seiner Zeit stotterte, hörte man oft den Spruch: „Der Herr schuf in seinem Zorn den Imbert mit dem Rütteldorn.“

7. Ofen wärmte den Busanhänger

Die letzte Ruhestätte der Dahlbrucher

Auf einer Renteirechnung aus dem Jahre 1467 wird der Name Dahlbruch erstmals erwähnt und der Ort gehörte seinerzeit zum Kirchspiel Ferndorf. Die Dahlbrucher wurden somit zu dieser Zeit auf dem Ferndorfer Kirchplatz beerdigt. Dies war nicht immer einfach, denn es gab noch keine befestigten Wege. Alles ging durch die holprigen Hohlwege. Wer viel bezahlte, wurde dicht an die Kirche gelegt, wer weniger zahlte oder zahlen konnte, rückte dichter an die Friedhofsmauer. Bestimmt sind anders Denkende bzw. Abtrünnige außerhalb der Friedhofsmauer begraben worden. In die Kirche wurden die Geistigkeit und der Adel gelegt. Diesen Kirchenfriedhof benutzte man unter anderem auch als Gemeindeversammlungsplatz. Aber auch Gerichtsverhandlungen wurden auf ihm durchgeführt. So taucht der Name Winterbach, es ist der älteste Dahlbrucher Ortsteil, zum ersten Mal auf diesem Friedhof auf. Es gesteht am 21. August 1345 eine Familie Henkin Visil von der Winterbach das bittere Los des ihr gepfändeten Hofes in der Breitenbach.

Müsen, welches auch zum Kirchspiel Ferndorf gehörte, wurde mitten im dreißigjährigen Krieg, anno 1627, selbständige Kirchengemeinde. Auch Dahlbruch wurde von Ferndorf ausgepfarrt und dem neuen Müsener Kirchspiel zugeschlagen. Müsen bekam nun auch einen eigenen Kirchfriedhof. Die Dahlbrucher wurden von nun an bei der Müsener Kapelle, die schon vorhanden war, beigesetzt. Der Friedhof um die Kapelle wird bestimmt mit ein Grund gewesen sein, dass Müsen eigenständige Kirchengemeinde wurde. Zu dieser Zeit wütete nämlich die Pest im Ferndorftal und hat sehr, sehr viele Menschen buchstäblich dahingerafft. In Dahlbruch starben die Familien Stahl und Wagner vollständig aus. Die Friedhöfe waren so überfüllt, dass man die Angehörigen auch auf dem Eigentum begraben musste.

Im Jahre 1846 bekam Dahlbruch den ersten eigenen kommunalen Friedhof. Es war ein Gelände zwischen der heutigen Hochstraße und der B508. Damit war für die Dahlbrucher die Beisetzung auf den Kirchplätzen endgültig vorbei. Auch von den damals noch selbständigen Gemeinden Hillnhütten und Schweisfurt, die später nach Dahlbruch eingemeindet worden sind, wurde der Friedhof mit benutzt. Auf dem Areal ist noch ein Wahlfamiliengräberfeld mit einer geschmiedeten Abgrenzung vorhanden, auf der die erste Beisetzung vor 150zig Jahren stattfand. Das Gelände wird heute als Park genutzt. Übrigens wurde Hillnhütten erst 1646 nach Müsen eingepfarrt. Es gehörte zuvor, wie alle Orte die seinerzeit links von der Ferndorf lagen, zum Kirchspiel Netphen.

Da Dahlbruch, bedingt durch die große Firma Gebrüder Klein, schneller wuchs, als die anderen Gemeinden, war dieser Friedhof schon nach sechs Jahrzehnten überbelegt. Es musste unbedingt ein neuer Friedhof herbei. Die Gemeindeväter entschieden sich für ein Gelände auf der Höhe dem heutigen Friedhof. Sie haben eine sehr gute Entscheidung getroffen, denn das Gelände ist fast eben, liegt einigermaßen zentral und ist erweiterungsfähig. Die erste Belegung fand im Jahre 1915 wieder in einem Kriege statt. Der Trauerzug ging immer vom Hause des Verstorbenen durch den Ort zum Friedhof. Vorweg ging der Pfarrer mit dem Gemeindediener. Danach kam der Fuhrmann mit Pferd, welches den gemeindeeigenen Leichenwagen zog. Ging noch ein Verein oder die Feuerwehr mit, wurde der Leichenzug hiervon angeführt, und von dem Geläut der Schulglocke begleitet. Sie hing in der alten Schule am Ernst August Platz und musste von Hand geläutet werden. Da man noch kein Handy kannte, begann die Läuterei durch Sichtzuwinkung. An jeder abknickenden Straßenecke stand jemand und gab mit dem Taschentuch das Abmarschzeichen. Hierfür wurden schon einige Streckenposten benötigt, die einschließlich Läuter meistens die älteste Schulklasse stellte. Manchmal verzögerte sich der Abmarsch vom Hause auch ungewollt. Nachdem der Deckel aufgeschraubt war, brachte man z. B. den Sarg nur schwer wieder aus dem Haus. So musste manchmal erst das Treppengeländer abgebaut werden. Aber auch aus dem Fenster haben die Träger, die immer von der Nachbarschaft oder einem Verein gestellt wurden, den Sarg schon hinaus gehievt. Bei Kleinkindern fuhr kein Leichenwagen mit. Den kleinen weißen Sarg trugen die älteren Mädchen oder Jungen aus der Nachbarschaft vom Trauerhaus zum Friedhof. Hierbei wurden, wenn es ein längerer Weg war, die Arme ganz schön lang, was ich aus eigener Erfahrung berichten kann.

Im Jahre 1960 begannen in Dahlbruch die Planungen einer angemessenen Friedhofskapelle. Die feierliche Indienststellung, so wie es seinerzeit hieß, erfolgte am 01.04.1962 und es gab keinen Trauerzug mehr durch den Ort. In der Kapelle sind eine Empore sowie eine Glocke, die elektrisch geläutet wird. In ihr finden 199 Personen einen Sitzplatz. Auch drei kühle Aufbewahrungsräume, wo die oder der Tote bis zur Beisetzung ruht, sind im Keller vorhanden. Dies ist auch gut so, denn früher war die Aufbahrung in der eigenen Wohnung. Bei viel beengten Wohnverhältnissen, wie heute, war es nicht immer einfach. Ich kann mich noch gut an einen sehr heißen Sommer vor gut 50zig Jahren erinnern. Es gab noch lange nicht überall Jalousien und die Aufbahrung geschah in einer Stube in einem Mehrfamilienhaus, dessen Fenster auf der Sonnenseite lagen. Um den Raum einigermaßen kühl zu halten, wurde immer Stangeneis in einer Zinkwanne hineingestellt. Das Eis holten die Kinder auf einem Handwagen in einer Gaststätte. Man kannte noch keine elektrischen Kühlanlagen und das Bier wurde mit Stangeneis, welches die Brauerei lieferte, gekühlt. Als Kind wurde man natürlich mit dem Tode eher vertraut, wie zur heutigen Zeit, wo die Menschen meistens im Krankenhaus sterben. Der Tote kommt nicht mehr nach Hause, sondern in die Aufbahrungsräume einer Friedhofshalle.

Der heutige Dahlbrucher Friedhof ist wunderbar angelegt, er hat eine Fläche von 18.992qm und bietet viele Beisetzungsmöglichkeiten.

Vergessener Motorradbau im Siegerland

Zu den Raritäten der Zweirad-Veteranen bei Motorrädern zählt die Sieg. Sie wurde in den 20er und 30er Jahren von der Firma Hermann Jüngst in Schweisfurth, einem Ortsteil von Dahlbruch, gebaut. Da nur einige Dutzend dieser Maschinen hergestellt wurden, sind nur ganz wenige dieser Oldies noch vorhanden und bei den Liebhabern sehr begehrt.

Die Sieg war ein Leichtmotorrad, das mit verschiedenen Motoren, je nach Kundenwunsch zu liefern war. So wurde in der Reklame auch von den leistungsfähigen unerreichten DKW-Motoren gesprochen. Weiter hieß es: "Ein Gewicht von 40 kg und prompt lieferbar. Besonders für das hiesige Gelände geeignet, jede Steigung wird glatt genommen". Neben der Sieg bauten Jüngstes auch die Sieg-Sport. Wie es der Name schon sagt, war dies eine Sportmaschine, womit viele Rennen in ganz Deutschland bestritten wurden.

Neben dem Eigenbau Sieg vertrieben Jüngstes aber auch noch Krafträder anderer Marken und annoncierten damit tüchtig. So das "Wegro-Kraftrad", die neue Sportmaschine mit 5 bis 7 PS. Oder das "Lomos-Sessel-Kraft-Rad" wo Jüngst den Alleinverkauf für die Kreise Siegen, Altenkirchen, Olpe und Dill hatten. Aber auch das "Leicht-Motorad-Eichler", das Sportmodell von 1922 mit Leerlauf und Kupplung, Geschwindigkeit von 5 - 65 km/h regulierbar. Alles längst vergessene Namen aus früheren Dekaden.

Leistungsfähige DKW-Motore wurden zum Einbau in Fahrräder angeboten, die auf der Reichsfahrt Berlin-Heidelberg die höchste Wertung errangen und als einzige ohne Strafpunkte blieben. "In jedes Fahrrad in 2 Stunden einzubauen! Geringster Brennstoffverbrauch! Vorführung jederzeit bereitwilligst!"

Der Landwirt Hans Kupfer in Pruppbach, südlich von Nürnberg, ist ein Freund alter Motorräder. Er gab die Landwirtschaft auf und baute den Kuhstall in ein Museum für Zweirad-Veteranen um. Viele alte bekannte und weniger bekannte Motorräder befinden sich in Kupfers Museum, wo vor gut 5 Jahren noch glückliche Kühe standen. "Aber das seltenste Stück im Kuhstall", so schreibt eine Fachzeitschrift, "dürfte die Sieg sein. Sie wurde 1927 bei der H. Jüngst GmbH in Dahlbruch bei Siegen/Westfalen gebaut. Den seitengesteuerten Halbliter-Motor dazu lieferte Columbus."

Die Wirren des 2. Weltkrieges haben, wie so vieles, auch den Motorradbetrieb Jüngst zum Erliegen gebracht. Man stieg in das Schraubengeschäft um. Es wurden nun fast ausschließlich, und das zu vielen Zehntausenden, Flügelmuttern aufgebohrt und danach in die Bohrung das entsprechende Gewinde geschnitten. Die Antriebe hierzu kamen über eine mächtige Transmission, die durch das alte Fachwerkgebäude lief. Oft waren wir als Knaben in der alten Werkstatt und schauten uns den Wellentanz der vielen Treibriemen an. Wenn beim Fahrrad mal eine Mutter fehlte, bekam man hier die passende Flügelmutter. Dafür mussten wir auch schon mal einen Spankorb voll bearbeiteter Flügelmuttern mit der Sackkarre zum Bahnhof fahren und einen Korb voll unbearbeiteter zurückbringen. Wegen der Produktion wurde der letzte Besitzer, Herbert Jüngst, von uns auch Flügel-Herbert genannt. Das Gebäude der Firma Jüngst sowie alle Häuser der ehemals selbständigen Gemeinde Schweisfurth die erstmals 1417 erwähnt wurde, sind nicht mehr vorhanden. Sie mussten wirtschaftlichen Zwängen weichen und ihr Areal ist längst in das Betriebsgelände von SMS integriert.

Ein Ofen wärmte den Busanhänger

In einer Zeit, wo noch wenig Autos auf den Straßen waren, gründete Albert Schmidt bereits 1923 einen PKW Betrieb in Langenau Kreis Siegen. Das erste Automobil, ein Dürkopp, hatte Schmidt bereits 1912. Wünsche der Bevölkerung wegen der damals schlechten Verbindung nach Hilchenbach gaben Veranlassung, eine Omnibuslinie Kreuztal-Hilchenbach einzurichten. Es war nicht einfach eine Genehmigung zu bekommen, denn einflussreiche Personen wollten die Straßenbahn von Kreuztal nach Hilchenbach bauen. Am 4. Mai 1929 stand unter

Hilchenbach folgendes in der Presse: „Kraftfahrtlinie Kreuztal-Hilchenbach. In der vor bezeichneten Angelegenheit hat die Deutsche Reichsbahngesellschaft – Reichsbahndirektion Elberfeld – Dem Regierungspräsidenten König in Arnsberg durch Schreiben vom 1. April d. Js. unter Beziehung auf die Verhandlung in Kreuztal am 25. März mitgeteilt, dass sie nach nochmaliger Prüfung der Sachlage von der weiteren Verfolgung der Angelegenheit absehe. Dadurch ist die Genehmigung vom 12. Juli 1928 – IV Nr. 1222 III – rechtskräftig und der damals genehmigte Fahrplan nun mehr endgültig geworden. Der Fahrplan bleibt also vollständig so bestehen. " Der Linienverkehr begann mit einem Omnibus, der 20 Sitze hatte.

Unter Müsen gab es im Jahre 1929 folgende Pressenotiz: „Unser Ort hat jetzt das langersehnte Verkehrsmittel erhalten. Der Regierungspräsident in Arnsberg hat den Unternehmer Albert Schmidt Langenau die Genehmigung zum Betrieb einer Autobuslinie Dahlbruch-Müsen erteilt. Es ist zu hoffen, dass die Linie so eifrig genutzt wird, dass sich der Betrieb lohnt. Durch die Linie wird der Anschluss an die in Dahlbruch haltenden Züge und die Autobusse der Linie Kreuztal-Hilchenbach hergestellt. Die Eröffnung des Betriebes erfolgt sofort nach Herstellung der Straße, die eine neue Decke erhalten soll."

1930 verlegte Schmidt den Busbetrieb von Langenau nach Dahlbruch. Es war ein sehr kluger Schachzug, denn das große Areal lag unmittelbar an der Strecke und noch dazu genau in der Mitte der Linie Kreuztal-Hilchenbach. Auch der Abzweig nach Müsen lag daneben. Aus diesem Grunde konnte man die Lage für dieses Unternehmen als optimal bezeichnen. Noch im selben Jahre wurde eine Busgarage, in der vier Busse Platz hatten, und eine Tanksäule errichtet.

Die Wirtschaftskrise ging auch an dem Verkehrsunternehmen Schmidt nicht vorbei. Danach erholte sich der Betrieb aber schnell wieder. Der zunehmende Berufsverkehr forderte das Unternehmen stark. Somit hat der Busbetrieb entscheidend für die Verkehrsentwicklung des nördlichen Siegerlandes beigetragen. So hatte das Unternehmen ein Jahr vor Kriegsbeginn fünf Busse für Linien- und Ausflugsverkehr. Der Krieg brachte abermals einen tiefen Einschnitt in die Aufwärtsentwicklung dieses Betriebes. Zwei Busse wurden für Kriegsdienste eingezogen. Die Anderen blieben im Linienverkehr. Aber auch die Feuerwehr Dahlbruch benutzte die Busse schon mal. So am 16. Dezember 1944 bei einem Einsatz in Siegen. Treibstoffmangel zu damaligen Zeit zwang zur Umstellung der Kraftfahrzeuge zunächst auf Holzgas und später auf Leuchtgas. Die Versorgung erfolgte durch einen einachsigen Anhänger, der immer mitgeführt wurde. Im kalten Winter wurde der Anhänger des Busses durch einen kleinen Ofen, der in der Mitte stand, erwärmt. So sah man bei eisiger Kälte die Busse mit Anhänger, aus dem der Kamin qualmte, und Leuchtgasanhänger fahren. Unter großer Beanspruchung wurde der Verkehr der Linie Kreuztal-Hilchenbach bis April 1945 aufrecht erhalten.

Als nach dem Zusammenbruch der Verkehr fast zum Erliegen kam und nur mit ungeheuren Schwierigkeiten auf lebensnotwendige Einsätze beschränkt bleiben musste, war auf der Strecke Kreuztal-Hilchenbach schon 14 Tage nach Kriegsende wieder ein Bus des Verkehrsbetriebes Albert Schmidt unterwegs. In der Zwischenzeit hatte es außer Kohlenzüge, mit denen man verbotenerweise fuhr, keine Beförderungsmöglichkeit gegeben. Auch zum Hamstern wurden diese Kohlenzüge genutzt. Die Fahrpreise waren die gleichen, wie 1928. Den Wünschen der Bevölkerung kam man immer mehr entgegen, denn die Fahrpläne der Buslinien Kreuztal-Hilchenbach und Dahlbruch-Müsen wurden immer mehr verdichtet.

Da die Busse immer sehr gut besetzt, ja überfüllt waren, fuhr ein Schaffner seinerzeit mit. So beförderte der Verkehrsbetrieb alleine im Betriebsjahr 1952, ein Jahr vor seinem 25-jährigen Jubiläum, 1 227 232 Personen im Linienverkehr. Dies ist eine unglaubliche durchschnittliche Tagesbeförderung von 3 362 Fahrgästen. Weiterhin wurden in diesem Jahr 12 885 Reiselustige in den modernsten Reisebussen in alle Gebiete der Bundesrepublik sowie ins Ausland befördert.

Eine weitere Halle, in der bequem drei Busse Platz hatten, und eine neue Tankstelle wurden bis 1950 errichtet. Man lackierte die Busse selbst, denn man hatte in der Zwischenzeit auch eine eigene Lackiererei gebaut. In diesen Gebäuden befinden sich heute u. a. der TÜV Nord und ein Getränkemarkt mit ausreichenden Parkplätzen. 1951 wurde auf dem Betriebsareal noch ein Mehrfamilienhaus gebaut. Im Erdgeschoss wurde das Büro der Firma Schmidt und weitere Geschäfte eingerichtet. Das Betriebsgelände stand zwar auf Kredenbacher Gebiet, wurde aber immer unter Dahlbruch geführt. Albert Schmidt wohnte ab 1932 mit seiner Familie schräg gegenüber in Dahlbruch im Wohnhaus der Waldstraße1.

Im August 1953 wurde das 25-jährige Jubiläum gefeiert. Zu dieser Zeit waren 17 Personen beschäftigt, die sieben Omnibusse mit drei Anhängern bedienten. 17 bis 18 Millionen Fahrgäste konnten bei rund 3 Millionen Fahrtkilometern in 25 Jahren unfallfrei befördert werden. Es war eine stolze Leistung, denn das Busunternehmen Schmidt hatte somit mit seinen Bussen 436 mal den Erdball umfahren. Eine Fülle von Blumen, Glückwunschschreiben usw. aus nah und fern wurden dem alten Pionier des heimischen Kraftfahrgewerbes, Albert Schmidt, ins Haus gebracht. Es war ein Beweis, welche Wertschätzung sich dieser Fahrdienst im oberen Ferndorftal erfreute. Wer die harmonische Jubiläumsfeier in der geschmückten Fahrzeughalle mit erlebte, spürte, wie groß die Wertschätzung aus Leistung und Haltung zu diesem Betrieb war.

Am 1. Januar 1975 schloss sich das Busunternehmen Schmidt der neu gegründeten Verkehrsgemeinschaft Westfalen Süd (VWS) an. Wegen der Firmenaufgabe schied es in den 1990er Jahre wieder aus diesem Verband. Die Streckenliezens wurde später von VWS übernommen und die Bus-Ära Albert Schmidt ging 1995 zu Ende.

Die mächtige Siegerländer Eisenindustrie

Es ist zwar bitter, aber das Damoklesschwert pendelt über der einst blühenden Siegerländer Eisen herstellenden Industrie. Sie hatte über Jahrhunderte eine führende Stellung. Viele Angriffe, Stürme und Schwierigkeiten mussten überwunden und verkraftet werden.

Das Siegerland hatte keine so geographisch günstige Lage wie andere zusammenhängende Industriegebiete. Trotzdem konnte das Siegerland immer eine Spitzenstellung behaupten. Selbst Fürst Bismark äußerte am 12. Dezember 1891 zu Vertretern der Stadt Siegen, welche ihm die Ehrenbürgerschaft überreichten:"Am Himmel der Industrie bildet das Siegener Land ein helles Sternbild!" Hier herrschte immer ein energisches Unternehmertum, was Gründermentalität besaß aber auch größtenteils heimatverbunden war und somit Entscheidungen zugunsten dieser Region und diesen Menschen fällte.

An die Stelle des "Gewerken", der früher schon an Gruben, Hütten und Hammerwerken beteiligt war, sind in der zweiten Hälfte des vorigen Jahrhunderts moderne Gesellschaften getreten, die mit vielen Millionen Mark Kapital arbeiteten und wie früher Gruben, Hütten und Walzwerke in ihren Besitz zogen. Der Großteil der Siegerländer Werke hat es immer verstanden, die technischen Errungenschaften der Neuzeit zu nutzen und insbesondere ihre Produktion den gegebenen Verhältnissen und den Ansprüchen der Kunden anzupassen.

Von der Eisen herstellenden Industrie waren beispielsweise 1912 folgende Betriebe im Siegerland vorhanden: 7 Grobblechwalzwerke, die aus 46 Gerüsten bestanden, und 157 350 t Grobbleche walzten, 18 Feinblechwalzwerke mit 88 Gerüsten und einer Produktion von 234 430 t Feinblechen. Ferner existierten ein Draht- und ein Röhrenwalzwerk sowie verschiedene Stabeisenwerke und Hammerwerke, die zusammen 100 530 t herstellten.

31 Hochöfen, die in 19 Werken eingesetzt waren, erzeugten 749 957 t Roheisen, was etwa 1% der damaligen Weltproduktion entsprach und einen Wert von 49,71 Millionen Mark besaß. Weiterhin befanden sich im Siegerland 4 Siemens-Martin-Werke mit 15 Öfen und einer Leistung von 365 307 t und 4 Puddelwerke mit 14 Öfen und einer Leistung von 19 541 t. In 18 Eisengießereien standen 40 Kupol- und 41 Flammöfen, die 89 288 t Eisen im Wert von insgesamt 14 463 000 Mark

schmolzen. Daneben gab es noch eine Vielzahl von Betrieben in der Eisen verarbeitenden Industrie, die zum Teil weltweite Anerkennung hatten. Diese Betriebe jedoch alle hier aufzulisten würde den Rahmen sprengen.

In dem verhältnismäßig kleinen Siegerland waren 1912 alleine etwa 27 000 Arbeiter in der Eisenindustrie beschäftigt und es wurden annähernd 223. Millionen Mark umgesetzt. Die einheimische Bevölkerung konnte diesen Bedarf an Arbeitern nicht abdecken, und so wurden aus den umliegenden Kreisen die fehlenden Arbeitnehmer herangezogen. Da der tägliche Pendelverkehr, der zu einem großen Teil noch auf Schusters Rappen erfolgte, bei der langen Arbeitszeit nicht möglich war, errichtete man in den Industriezentren Schlafhäuser für diese Menschen. Nennenswert für die heimische Eisenindustrie war noch der Zusammenschluss der Betriebe zu Verbänden. In dem im Jahre 1894 gegründeten Siegerländer Eisensteinverein waren 1912 immerhin 91,2% der zugehörigen Werke vertreten. Der Verein regelte die Fördermengen nach dem Absatz und war für den Verkauf zuständig. Die Hochofenwerke waren in dem Roheisenverband vertreten und die meisten Grobblechwalzwerke im Schiffbaustahl - Kontor. Beide Vereinigungen hatten ihren Sitz in Essen. Die Feinblechwalzwerke gehörten zu der Schwarzblech-Vereinigung in Köln, die mit Unterstützung der Rohstoffverbände den größten Teil der Produkte ausführte.

Nach dem "Aus" für den Bergbau und die Lederindustrie ist nun der dritte mächtige Siegerländer Wirtschaftsblock, die Eisen herstellende Industrie, die über viele Generationen hinweg zum Lebensunterhalt in unserer Heimat beigetragen hat, in seiner Existenz bedroht.

Bis 5 Jahrzehnte nach dem Bau der Bahn

Bei weitem nicht so groß wie allgemein angenommen, war die Belegschaftsstärke der einzelnen Gruben im Siegerland in den vergangenen Jahrhunderten. Wenn auch an vielen Orten geschürft wurde, so betrug die durchschnittliche Belegschaft einer Grube im Siegerland bei der ersten amtlichen Zusammenstellung im Jahre 1844 nicht mehr wie 6 Personen. Meistens waren nur 2 bis 3 Mann beschäftigt, in den wenigsten Gruben mehr. Zu den Ausnahmen zählte die berühmte Grube Stahlberg in Müsen, die bereits 1819 eine Belegschaft von 104 Personen hatte.

Damals wurde im Stollen Betrieb der Eisenstein abgebaut und die Fördermenge betrug bei den meisten Gruben noch nicht ganz einen Doppelwagen im Monat. Als man später zum Tiefbau übergehen musste und Dampfmaschinen einsetzte, schloss man sich zusammen und baute gemeinschaftliche Anlagen, die zur Konsolidierung der Bergwerke führte.

Die Eröffnung der Eisenbahnlinien im Jahre 1861 - und dieses war die Deuz - Gießener Strecke mit Verbindung Betzdorf - Siegen sowie die Ruhr - Sieg Linie - brachten für das Siegerland und somit auch für den Bergbau einen gewaltigen Aufschwung. Sie veränderte aber auch die ganzen wirtschaftlichen Gepflogenheiten. So war vor dem Bau der Bahn der Bergbau nur auf den Erzverbrauch im hiesigen Räume angewiesen. Die Ausfuhr von Erz war sogar bis 1818 verboten. Dies änderte sich nun quasi mit einem Schlag. Betrug doch die Eisensteinförderung 1859 vor der Eröffnung der Bahnstrecken im Siegerland noch 128.422 t, so waren es 5 Jahre später schon 395.928 t, also dreimal so viel. Verbunden hiermit war natürlich auch der Absatz von Roheisen usw. , der von Jahr zu Jahr stieg.

Nach dem Krieg 187 0/71 trat dann bei uns, wie überall, ein weiterer Aufschwung ein. Nach der Gründung des Deutschen Reiches 1871 durch Fürst Bismarck hat sich die Eisenerzförderung in unserer Heimat kontinuierlich gesteigert. So betrug sie 1871 noch 643.802 t, 1891 stieg die Zahl bis auf 1.473.809 t und 1911 wurden hier 2.171.214 t Erz gewonnen, im Werte von 25.063.180 Mark.

Die Eisenbahn brachte dem Siegerland allerdings nicht nur Vorteile. Es gab nämlich durch sein manganhaltiges Qualitätsroheisen zunächst in Westfalen einen harten Wettbewerb, denn die anderen Hochofenwerke bezogen nun auch das hiesige Erz und verhütteten es. Als dann in den 1880er Jahren das Thomasverfahren auf den deutschen Markt kam, konnten auch die billigen in großen Mengen vorhandenen Erze aus Lothringen und Luxemburg zu Brauchbarem verarbeitet werden. Durch das Thomasverfahren wurde dieses Roheisen entphosphorisiert und somit enorm verbessert. Hierdurch bekamen unsere Gruben einen schweren Stand. Aber die dunklen Wolken zogen sich über die ganze Siegerländer Eisenhüttenindustrie zusammen, zumal diese durch die hohen Frachtkosten von Kohle und Koks stärker belastet war, wie die Konkurrenz. Da man die Siegerländer Industrie aber benötigte, wurden für sie diese Frachtkosten gesenkt.

Erst zu Beginn des 20. Jahrhunderts erkannten die verantwortlichen Stellen, dass eine Ermäßigung dieser Frachtkosten kein Geschenk für das Siegerland bedeutete, sondern lediglich ein Bestandteil der ganzen nationalen Wirtschaftlichkeitspolitik sei und somit im Gesamtinteresse liege. Hier lagen echte nationale Interessen zugrunde, denn ca. 7 % des Roheisens, das 1912 in Deutschland produziert wurde, kam aus unserem kleinen Siegerland.

Durch den Bau der Bahn ist aber auch die Entwicklung und der Fortschritt im Siegerland schnelllebig geworden, wie jemals zuvor. So ist 50 Jahre nach Eröffnung der Bahnlinien die Zahl der im Bergbau beschäftigten Arbeiter bei uns um das zweieinhalbfache gestiegen und die Fördermengen haben um das 9fache zugenommen. Die Zahl der Gruben hat im Siegerland in dieser Zeit um das 4%fache abgenommen, aber die Belegschaftsstärke ist im Durchschnitt um das elf-fache gestiegen. Die geförderte Menge pro Arbeiter ist, da die Menschenkraft durch Maschinenkraft immer mehr ersetzt wurde, um das 4fache gestiegen. Und als dann zu Beginn des 20. Jahrhunderts noch der Bohrmaschinenbetrieb hinzu kam, wurde die Einzelleistung erneut erhöht und die Schürfkosten verringert.

Es ist den Verantwortlichen immer gelungen, die Siegerländer Gruben lebensfähig zu erhalten. So waren im Jahre 1912 noch 90 Bergwerke im Siegerland in Betrieb, die 13.139 Arbeiter beschäftigten und 2.732.574 t Erz förderten, im Wert von 35.311.700 Mark.

Gerbereien verwenden die Lohe nicht mehr

Als Anfang der 1890er Jahre das Quebracho Holz aus Argentinien in Deutschland eingeführt wurde, zogen ganz dunkle Wolken über die Siegerländer Haubergswirtschaft. Denn die zahlreichen Gerbereien verwendeten dieses Holz, um die Felle zu gerben. Da sich das Holz mit seinem Säuregehalt für den Gerbvorgang sehr gut eignete und vor allen Dingen viel billiger, wie Lohe war, wurde diese kaum noch genommen. Somit entfiel eine enorme Einnahmequelle der Haubergsbesitzer. Waren doch 77 % unseres Siegerländer Waldes einst Hauberge. Wenn auch in späteren Notjahren die Lohe wieder in den Hauen hing und verarbeitet wurde, ist die große Masse von damals nie mehr erreicht worden.

Um eine bessere Wirtschaftlichkeit wieder zu erreichen, wurde der Niederwald zum Teil durch Fichten aufgeforstet. Die Anpflanzung der Nadelhölzer erfolgte nach Möglichkeit auf den Bergeshöhen und an den steilen Hängen. Durch die Pflanzung der Fichten ging natürlich ein Teil der Haubergshude verloren. An ihr waren nicht nur die Waldbesitzer, sondern alle Gemeindemitglieder beteiligt. Ja, die Landwirtschaft hatte damals bei uns noch einen hohen Stellenwert und war für die Volksernährung von großer Wichtigkeit. Aus diesem Grunde mussten neue Weideflächen herbei. Aber auch durch den Wegfall der Einnahmequelle von Lohe wurde bei den Landwirten der Rindviehbestand vergrößert. Etwa 30 % der Flächen, die die Bauern bearbeiteten, war seinerzeit Hauberg.

Die jungen Eichen- und andere Stockausschläge wurden von dem Vieh gerne gefressen. Deswegen war im Paragraph 13 der Haubergsordnung für den Kreis Siegen das Beweiden der jungen Haubergsschläge in den ersten sechs Jahren auch streng untersagt. So war in den Entwürfen keine Rodung der Hauberge für die neuen Weideflächen vorgesehen. Dies sollte mit Hilfe des Zahnes der Weidetiere herbeigeführt werden. Schließlich einigte man sich doch auf eine gewisse Rodung, die folgendermaßen geschah. Die Birken- und Eichenstöcke wurden nach dem Freilegen der seitlichen Wurzeln ganz dicht am Boden abgehauen. Die Loden der Erlen, die auch vereinzelt vorhanden waren, rodete man mit den Wurzeln, da sich dieser Baum auf andere Art nicht vernichten ließ. Mit der Haubergshacke wird nun die zukünftige Weide umgehackt. Nachdem der Rasen richtig trocken war, wurde er in Haufen auf die freigelegten Wurzelstöcke aufgelegt und verbrannt. Das Wiederaufwachsen ist durch das Anbrennen der Stöcke so gestört gewesen, dass im nächsten Frühjahr nur noch wenige, ganz verkümmerte Triebe kamen. Die Asche vom Rasenbrennen wurde gleichmäßig auf die ganze Fläche verteilt. Danach wurden je 6 Zentner Kainit und Thomasschlacke, sowie 50 Zentner Kalk auf 1 ha verteilt.

Ende September / Anfang Oktober erfolgte dann die Aussaat von Winterroggen. Dieser war aber nur eine Schutzfrucht für den Grassamen. Der Roggen wurde meistens mit einer Fahrkuh, die mit dem "Hainhak" bespannt war, in die Erde gebracht. Im nächsten Frühjahr wird der Grassamen, der sich auf dem Heuboden angesammelt hatte, und zwar 40 bis 50 gr. auf 1 m², in die Roggensaat gestreut und angewalzt. Zur Kopfdüngung benötigte man 3 Zentner Chilisalpeter pro ha. Die erste Hälfte im Frühjahr der Roggenernte und die zweite Hälfte wurde im nächsten Frühjahr gestreut. Damit der Roggen die Grassaat nicht unterdrückt, war die Düngung in zwei Gaben aufzubringen. Mit dem Beweiden wurde schon im Frühjahr nach der Roggenernte begonnen.

Besonderen Wert wurde auf die Anlage guter Viehtränken gelegt. Jeder Kamp ist in mehrere Schläge eingeteilt worden, damit sich der Graswuchs bei nicht Benutzung wieder entwickeln kann. An den Rändern wurde ein etwa 10 m breiter Niederwaldstreifen stehen gelassen, um dem Weidevieh Schutz gegen Regen und große Hitze zu bieten. In diesen Kämpen fanden pro Hektar 2 Stück Großvieh oder 3 bis 4 Jungtiere für 5 Monate im Jahr hinreichend Nahrung.

8. Ja, so war es einmal

Als Klaiben im Siegerlande noch üblich war

Eng und vertraulich waren die Menschen im Siegerlande einst miteinander verbunden. Der Hauptgrund dieser harmonischen Einigkeit waren in den meisten Fällen wirtschaftliche Zwänge, die unsere Ahnen zusammenfügte. Vermögens- und damit zusammenhängende Standesunterschiede, wie in der heutigen Zeit, existierten kaum. Der gemeinsame Besitz der Hauberge, aber auch die Verpflichtungen und Leistungen, sowie die Berechtigungen von Back- und Armenhaus, sowie vom Lehrer und Hirte, die auf den einzelnen Häusern ruhte, förderten das Gefühl der Zusammengehörigkeit.

Geld war damals knapp und deswegen wurde der Gebrauch soweit wie möglich vermieden. Es wurde meistens Tausch- oder Warenhandel betrieben. Korn und Hafer wurden deswegen etwa zu 7 % der gelieferten Frucht in den Mühlen gemahlen. Zu Beleuchtungszwecken baute man Raps an, deren Samen in den Ölmühlen, wovon im Ferndorftal, in Vormwald und Ferndorf eine existierte, zu Öl geschlagen. Der Vorgang wurde auch wieder gegen die Vergütung von Material, wie bei den Fruchtmühlen vorher beschrieben, abgerechnet. Öl war gegenüber heute verhältnismäßig teuer und deswegen versuchte man, es auf alle mögliche Weise einzusparen. Die wohlhabenden Häuser behielten das Öl ein Jahr lang, so dass das gewonnene Öl immer erst in dem darauf folgenden Jahr benutzt wurde. Aber auch eine Missernte wurde hierdurch leicht überwunden. Da Birkenholz sehr leicht brennbar ist, versuchte man mit einem halben Meter langen, brennenden Birkenspänen Öl zu sparen. Diese benutzte man bei den häuslichen Arbeiten, Vieh füttern usw. als Beleuchtungsmittel. Der Einsatz war allerdings sehr feuergefährlich und die Lichtspende erbärmlich.

So wurde zum Beispiel beim Bau eines Hauses viel mehr Beihilfe geleistet, wie heute. Das Fuhrwerk, falls keins vorhanden, stellte man nur gegen geringe

Vergütung oder unentgeltlich zur Verfügung. Aufgeschlagen wurde das Haus von Zimmerleuten unter Mithilfe der Nachbarn. Beim Richtfest wurde eine grüne Birke an dem First befestigt. An ihr band man neben bunten Bändern früher auch Tabak und Pfeifen. Dieses fiel den Zimmerleuten zu, sie sollten so für die gefährliche Arbeit ihre Anerkennung finden. Aber auch alles andere, was zum Richtfest benötigt wurde, brachten Nachbarn, Verwandte und Freunde mit. So hatte der Bauherr oft nur noch für die Tanzmusik zu sorgen. Dies wurde von einem Kundigen der Ziehharmonika und früher wohl auch von einem Trampo ausgeführt. Letzteres Instrument befand sich aus einer stählernen Feder, die zwischen zwei Eisenstäben befestigt war. Die Feder musste zum Tanze in taktgemässe, schwingende Bewegungen gebracht werden und erzeugte so die Melodie.

Bei der Herstellung des Lehmfachwerkes, dem "Klaiben", half die Verwandtschaft durch Darreichung von Brot und Butter sowie Schinken und Würsten mit. Aber auch durch den körperlichen Einsatz wurde Hilfe geleistet. Zu dem Klaiben gehörte auch das Mischen des Lehms mit kurzgeschnittenem Stroh. Dieses geschah mit nackten Füßen, wobei immer lustige Lieder gesungen wurden. Während des Tretens stellte ein anderer Teil das Flechtwerk zwischen den im alten Lichte geschlagenen Eichenbalken her, was danach mit dem Lehm Strohgemisch verkleidet wurde. Zum Schluss zog man mit einem Besen Figuren über die fertigen Wände. Wenn man das Wort "Klaiben" heute kaum noch in einem deutschen Wörterbuch findet, dann kan man durchaus sagen: "Es war einmal..."

An Werktagen mit Brustlappen und Schurzfell

"Wo das Strenge mit dem Zarten, wo Starkes sich und Mildes paarten, da gibt es einen guten Klang". Diese Worte, die aus Schillers Glocke stammen, kann man wunderbar auf unsere Siegerländer Mundart anwenden. Wenn man am Ende Klang gegen das Wort Menschen austauschen würde, so passt dieser Vers von Schiller auch für die Beschreibung über die Siegerländer Bevölkerung von einst. Lassen wir doch einige Personen, die damals lebten, über unsere Ahnen mal reden.

Da hat Johann Henrick Schenk aus Renneroth, der 1780 in Hilchenbach Amtmann wurde (es war der Bürgermeister, wie er im Wandel der Zeiten hieß), im Jahre 1787 über Land und Leute folgendes verlauten lassen: "Die Siegerländer sind von mittelmäßiger Größe und starker Leibeskonstitution. Dabei besitzen sie einen guten und gesunden Verstand. Sie sind von gesetztem, ernsthaften Wesen, hartnäckig bei ihren Vorsetzen und sonst emsig, fleißig und mäßig. Sehr anständig kleiden sie sich übrigens. Vor der Hochzeit lässt sich der Bräutigam (falls es die finanzielle Situation erlaubte, und dies war bei den meisten Menschen nicht der Fall) zwei Kleider machen. Ein schwarzes und ein blaues, was aus Tuch hergestellt wurde, dass zum größten Teil im Siegerland fabriziert wurde. Das schwarze trägt der Mann an den Hochzeits- und sonstigen hohen Festtagen sowie, wenn er zum heiligen Abendmahl geht. Aber auch wenn er mit einer Leiche gehet und Trauer hat. Das blaue ist das gewöhnliche Sonntagskleid. Am Werktag trägt er gewöhnlich einen Brustlappen (Weste), dabei ein Kamisol (Unterjacke) mit Ärmel und ein ledernes Schurzfell (um die Hüfte gebundenes Fell), oder einen Zukittel". Das bei solch einer Beschreibung die Frauen nicht berücksichtigt wurden, war damals ganz normal.

Was für hohes Ansehen das Fürstentum Nassau-Siegen mit seinen Bewohnern bei den Zeitgenossen hatte, geht aus einer Schilderung des Königlich Preußischen Kriegs-, Steuer-, Bergrats- und Fabrikenkommisarius Eversmann hervor. Aus einer im Jahre 1804 von ihm erschienenen Aufzeichnung mit dem Titel "Übersicht der Eisen- und Stahlerzeugung auf Wasserwerken in den Ländern zwischen Lahn und Lippe", kann man für das Siegerland bemerkenswertes lesen. Das Fürstentum Nassau-Siegen kann mit Recht eines der merkwürdigsten Länder seiner Art genannt werden. Es ist ein höchst tätiges, arbeitsames und biederes Volk. Es hat hier (gemeint war das Siegerland) seine Erdscholle, durch eisernen Fleiß und mit überlegter Kraft, auf einen Grad der Kultur erhoben, der kaum höher möglich sei.

Bei einer Untersuchung über dieses Land sollte der Ökonom der Forst-, der Berg- und dem Hüttenmann gleich starkes Interesse geschenkt werden.

Anno 1811 hat der Maire (Bürgermeister) des Amtes Ferndorf Johann Kocher, der zuvor Schuldiener, dann Geometer und danach Gerichtsschöffe gewesen war, den Charakter unserer Vorfahren der neuen Regierung wie folgt geschildert: "Der Charakter des Siegerländers besteht in Gesetzlichkeit, Festigkeit und Ernsthaftigkeit. Er hat einen Trieb zum Nachdenken, zur Erkenntnis und zur Religiosität. Er besitzt Humanität und religiöse Menschenliebe. Aber auch edler Stolz und Streben nach Vollkommenheit, dass heißt besser machen und besser wissen, besitzt er. Weiterhin hören Besorglichkeit, Erwerbstrieb, Sparsamkeit aus Besorgnis bei gutem Temperament dazu. Der Luxus besteht aus jenem edlen Stolze und aus Humanität, feste gehorsame Anhänglichkeit an das Vaterland und an die Regierung, welche Achtung der Menschen und Rechte an den Tag legt."

Als Flachs noch auf den Feldern stand

Bis in die achtziger Jahre des vorigen Jahrhunderts war im Siegerland auf dem Lande noch überall die Sitte mit der Spinnstube Brauch. Die jungen Mädchen versammelten sich abends reihum in den Häusern mit ihren Spinnrädern. Dann kamen bald die Burschen und es gab manche Neckereien. Wer zum Beispiel den Faden verlor, musste ihn durch einen Kuss wieder einlösen. Doch achteten die anwesenden Alten immer auf Ordnung und bremsten die Temperamente.

Aber auch der Webstuhl verlor zu Anfang von diesem Jahrhundert seine Bedeutung. Das zarte Pflänzchen Flachs, dem viel Arbeit gewidmet, erblickt man schon viele Jahrzehnte nicht mehr auf unseren Feldern. Das Flachsbrechen war einst ein Fest für sich. Die Burschen betätigten sich dabei oft mit dem Kuchenstehlen.

Aber auch für den Tod gab es im Siegerland bestimmte Regeln. Kaum war der letzte Atemzug getan, öffnete man das Fenster, damit die Seele zu Gott aufsteigen kann. Aber auch die Glocke läutete früher in der Sterbestunde auf den Dörfern, was heute sogar noch in Helgersdorf praktiziert wird, und gab den Tod bekannt. "Auf's Stroh läuten" sagte man einst in Burbach dazu. Totenwachen wurden noch bis bald 1920 im Hickengrund gehalten. Sie sind längst abgeschafft worden, da in alter Zeit dies mit dem verbundenen Brantweintrinken zu argen Unsitten geführt hat.

Um die Jahrhundertwende brannte im oberen Siegtal noch das Osterrad. Es war ein mit Stroh umwickeltes großes Wagenrad. Es wurde brennend den Berg hinuntergerollt und die Bevölkerung schaute von unten zu. In der Hilchenbacher Gegend wurde am 18. Oktober das Oktoberfeuer zum Andenken an die Schlacht von Leipzig gemacht. Dagegen zündete man in den Ämtern Freudenberg und Ferndorf das Sedanfeuer. Bohnenschnippel warfen die Mädchen im Weißtal den Junggesellen im heiratsfähigen Alter vor die Haustüre, um ihnen einen Wink zu geben.

Glücklicherweise hat sich bei den Siegerländern in den letzten Jahren, trotz einer hastigen, unruhigen, vom Fortschritt gejagten Zeit, ein gewisser Wandel vollzogen. Die Heimatverbundenheit ist wieder größer geworden und es wird schon mal über alte, längst vergessene Sitten nachgedacht.

Aber wo sind die alten Hammerschmiedegebräuche geblieben? Das Handwerk hat längst andere Gestalt angenommen. Der Siegerländer Hammerschmied galt von jeher wegen seiner großen Kraft als etwas besonders. Er musste nämlich bis zu 170 Pfund schwere Eisenstücke tragen. Von alters her hatte er bestimmte obrigkeitliche Anordnungen, die eingehalten wurden. So musste zum 1. Mai die Schmiede immer gründlich gesäubert werden. Dann gab es vor der Schmiede ein festliches Gelage, wobei auch getanzt wurde.

Oder der berühmte Siegerländer Hirte, im Ansehen gleich hinter Pfarrer und Lehrer kommend. Er genoss großes Vertrauen, nicht nur als Tier-, sondern auch als

Menschendoktor. Er besorgte den Kuhhandel und war manchmal auch der Freiersmann. Zu Martini wurde der neue Hirte immer mit großem Getue ins Dorf geholt. Die jungen Männer hängten sich dabei die Schellenbügel der Kühe um und gingen ihm entgegen. Es ging dann ins Wirtshaus, wo tüchtig gezecht wurde. Zum O-Hirte, es war sein Gehilfe, wurde fast jedes Jahr ein Schulabgänger, der körperlich nicht gut entwickelt war, genommen. Er stammte meistens noch aus einer kinderreichen, angesehenen Familie des Ortes. Da beide von den Häusern im Ort reihum verpflegt wurden, sollte der junge Bursche in der Zeit als O-Hierte kräftiger werden.

Vorbei, vorbei ist auch längst das Bullenstoßen, das bei dem ersten Austrieb im Jahr veranstaltet wurde und immer viele Zuschauer, sogar von auswärts, anlockte.

Schuhsohle mit Holzstifte befestigt

Das Wort pinnen, für viele Menschen heute kaum noch einzuordnen, war einst im Schusterhandwerk ein fester Begriff. Da man noch nicht so guten Kleber hatte, wurde die Sohle mit dünnen angespitzten Holzstiften am Schuh befestigt. Dieser Vorgang hieß pinnen.

Die Stifte waren meistens aus Buchenholz, was ein sehr festes Holz ist. Sie mussten ganz trocken sein und standen deswegen in der Schusterwerkstatt immer über oder in der Nähe des Ofens.

Die Holzpinne wurden versetzt in Zweier- bzw. Dreierreihen am äußeren Rand in die vorgetriebenen Löcher der Sohle fest eingeschlagen. Die Sohle, die aus hartem Kernleder bestand, wurde somit regelrecht festgepinnt. Die überstehenden Stifte schliff oder raspelte man ab. Die trockenen Holznägel nahmen bei Benutzung des Schuhes eine gewisse Feuchtigkeit auf und weiteten sich, wodurch die Sohle sehr fest wurde. Die Verbindung war so gut, dass man bei einer späteren Erneuerung die alte Sohle nur mit einer Spezialzange durch mehrmaliges nachfassen abgezogen bekam. Führte man die Arbeit nicht fachgerecht aus, kamen die Stifte nach innen. Wenn dies nicht erkannt wurde, so merkte man es spätestens, wenn man die Schuhe anzog.

Die Zeiten waren damals nicht rosig und es musste überall gespart werden. So wurde auch die Sohle und der Absatz noch mit Eisennägel, die etwa fünf mm hohe halbrunde Köpfe hatten, beschlagen. Sie waren gleichmäßig verteilt, so dass schöne Muster entstanden. An der Spitze des Schuhes und an dem Außenrand des Absatzes, es sind die Stellen, die sich am meisten abnutzen, schlug man außerdem noch Eisen. Der Schuh wurde hierdurch sehr schwer und war für zarte Personen kaum geeignet.

Bei Dunkelheit konnte man auf einem Kopfsteinpflaster mit diesen Fussbekleider sehr gut Funken schlagen. Die benagelten Schuhe bereiteten allerdings im Winter beim Befestigen der Schlittschuhe Schwierigkeiten. Da der Abstand von Auflage bis zur Sohle zu groß war, konnten die anzukurbelnden Haltezargen nicht komplett fassen. Daher mussten die Schlittschuhe noch mit Riemen bzw. Seilen an die Schuhe gezurrt werden.

Bei solch einer Befestigung kam es vor, dass der ganze Absatz abriss, was zu Hause natürlich zu einem Tadel führte. Übrigens sind die Schlittschuhe eines der ältesten Fortbewegungsmittel der Menschheit. Sie sind bis in die Steinzeit nachweisbar und bestanden seinerzeit aus Knochen.

Allerdings rutschte man mit diesen Nägelschuhen auf einer Eisbahn am weitesten.

Um die Sohle zu schonen, ersetzte man die fehlenden Nägel sofort. Da in fast jedem Hause ein gegossener Dreifuß, eine Vorrichtung zum Schuhsohlen, die sogenannte Schusterhilfe war, wurde dies zu Hause gemacht. Selbst an den Nägeln sparte man noch. So hat manchmal der Vater dem Sohn zugerufen: " Go ewer de Wes, on net ewer det Blasder, da schoanst de aid de Näl."

Begebenheiten aus dem 16. Jahrhundert

Am späten Abend des 17. Dezember 1705 tobte zwischen 22.00 und 23.00 Uhr ein gewaltiger Sturm, verbunden mit einem sehr starken Gewitter, über das Litttetal. Der Kirchturm von Krombach wurde hierbei vom Blitz getroffen und die kleine Glocke in Stücke zerschlagen. Die Tragbalken zersplitterten und die beiden großen Glocken wurden aus ihrem Gehänge gerissen. Aus dem Fundament des Turmmauerwerkes wurde ein schwerer Eckstein ausgehoben. Das Kirchendach an zwei Stellen vom Blitz durchschlagen und die Bleieinfassungen der Fenster schmolzen.

Im Herbst des Jahres 1758 haben die Rosen zum zweiten mal in dem selben Jahr geblüht. Aber auch der Ginster und etliche Obstbäume haben noch einmal Blüten bekommen, wie mitten im Sommer. Die Vermutung, dass nun ein sehr kalter Winter folgen würde, trat nicht ein. Im Gegenteil, der Winter 1758 auf 1759 war der mildeste, soweit die älteren Menschen sich zurückerinnern konnten. Geschneit hat es kaum. Auch trat kein starker Frost auf, so dass die Hütten und Hämmer den ganzen Winter hindurch arbeiten konnten. Das Frühjahr 1759 trat sehr zeitig in Erscheinung, es wurde bereits am 1. Mai gemäht.

Am 21. und 22. Mai 1759 ist die Sonne abends am Himmel so rot wie Blut untergegangen. Fast zwei Stunden konnte man dieses seltene Ereignis am 22. beobachten. Aber auch ihr Schein soll blutrot gewesen sein. Kurz nach 18.00 Uhr hat sie keine Strahlen mehr von sich gegeben. Man konnte den roten Feuerball nun so eine halbe Stunde betrachten, ohne geblendet zu werden, und zwar so, als ob man den Mond ansehe. Der Chronist schrieb hierbei: "Welches sehr beweglich ist anzuschauen gewesen. Der Allmächtige Schöpfer lasset die Menschen Zeichen sehen."

Anno 1781, und zwar am 14. Dezember, brach im Hause des Kirchenältesten Johann Heinrich Flender zu Allenbach ein Feuer aus, dessen Ursache unbekannt geblieben ist. Von diesem Hause, was unten am Bach stand, breitete sich das Feuer bei zu dieser Zeit herrschendem starken Ostwind über alle nach Westen vorhandenen Gebäude, die Strohdächer hatten, rasch aus. Die gewaltige Feuersbrunst ließ alle menschlichen Löschversuche ungeachtet, so dass in wenigen Stunden 14 Häuser mit vielen Nebengebäuden sowie Schule, Eisenhammer und die Stahlhütte mit all ihren Kohlenschuppen in Schutt und Asche gelegt wurden.

Am 14. August 1784 berichtete das Dillenburger Intelligenzblatt über einen merkwürdigen Blitzschlag - wörtlich wie folgt: "Am 4. August dieses Monats (muß Jahres heißen) zogen verschiedene Gewitter des Nachmittags und Abends auch über das Amt Hilchenbach und Kirchspiel Ferndorf, in einem Tal gelegenen Dorf Kredenbach. Welches besonders nach Morgen, Mittag und Abend zu, ein ziemlich hohes aneinander hangendes Gebürge zum Nachbar hat. Sie gingen alle glücklich vorüber bis auf eins, welches ungefähr um halb acht Uhr einen schädlichen Strahl auf das alte Strohdach des mitten im Dorf stehenden, weder von hohen Bäumen noch mit hohen Gebäuden umgebenden Hauses des Johann henrich Flender fallen Hess. Hier schabte der Wetterstrahl fast gerade über der Haustüre oben ganz spitz und unten etliche Fußbreit, dass auf dem Dach befindliche Moos hinweg. Lief sodann ohne einen Strohhalm zu verbrennen am Dach herunter in die offen gestandene Haustür und den Hausehrn, wo eben der Johann henrich Flender an der Tür stand, seine Frau aber neben ihm saß, und ihrem halbjährigen Söhnchen die linke Brust zu trinken gab. Beide Eheleute aber, welche kurz vorher aus dem Hauberg von dem Brasenbrennen vom Regen und Schwitz feuchte nach Hause gekommen waren, wurden vom Blitze nicht so gelind, wie das Strohdach behandelt, sondern von Ihm auf der Stelle getödtet. Das Kind hingegen durch Gottes sonderbare Bewahrung im minsten nicht beschädigt, auch sonst kein weiteres Unglück vom Blitze mehr verursacht, und weder an den Kleidern der verunglückten Personen, von welchen des Mannes seine mit metallenen Knöpfen versehen waren. Noch sonsten an einen Teil des Hauses konnten Spuren des Blitzes entdeckt werden. Sondern hier und da waren einige Stellen an den todten Körpern wie abgekratzt, und mit braunroten Flecken versehen." Am 6. August 1784 wurden beide Eheleute unter großer Beteiligung der Bevölkerung zu Grabe getragen.

Jede Gemeinde ernähre ihre Armen selbst

Die Armenpflege war von Beginn des Christentums bis Ende des Mittelalters eine rein kirchliche Angelegenheit. Da das Bettelwesen aber immer schlimmer wurde, griff die weltliche Gesetzgebung regelnd ein. So erschien erstmals Anno 1577 im Reichspolizeigesetz ein Hinweis, wonach die Obrigkeit darauf achten sollte, 'dass jede Stadt und Gemeinde ihre Armen selbst ernähre und erhalte".

Durch dieses Reichsgesetz entstanden in den deutschen Ländern Sondergesetze. In ihnen wurde die Armenversorgung durch staatliche Zwangspflicht geregelt. Für's Siegerland kam das erste Weistum hierüber am 09. Juli 1586 und zwar hatte jede Stadt und Gemeinde ihre Armen zu ernähren. Die zweite Verordnung kam bereits am 18. August desselben Jahres, und zwar durfte niemand wegen Armut aus seiner Heimat verdrängt werden.

Am 1. Mai 1616 wurde eine "Nassau-Katzenelnbogische-Polizeiverordnung", die auch im Siegerland galt, mit ähnlichen Rechtsgedanken erlassen. Allerdings werden hierbei die ersten Weistümer schon wieder abgeschwächt. So heißt es, dass bei allzu starkem Andränge von Armen auch gestattet wurde, diese "mit Vorschriften, Brieflichem Schein und Urkunde auch in andere Orthe zu befördern". Der Entwicklung vorausgeeilt war die Stadt Siegen. Sie hatte bereits im späten Mittelalter keine rein kirchliche Armenpflege mehr. Der Grund für diese frühzeitige bürgerliche Armenpflege lag daran, dass im Siegerland der Bergbau und die Eisenverarbeitung, dank des Gewerbefleißes unserer Ahnen, im Mittelalter schon auf einem hohen Niveau waren. Die Einkünfte des Hospitals, es war der Hauptträger der Armenpflege, das Vermögen des Armenkastens sowie das der Kirche waren unter Verwaltung der Stadt Siegen. Der Rat der Stadt wählte jährlich am Walpurgistage die Kirchen- und Spitalmeister. Diese mussten nicht vor dem Pfarrer oder einer geistlichen Behörde, wie anderswo üblich, sondern vor dem Rat der Stadt Rechenschaft ablegen. Wer auf die Armentafel geschrieben wurde, d. h. wer unterstützt werden sollte, entschieden bis etwa Mitte des 18. Jahrhunderts Bürgermeister, Schultheiß und Schöffen.

In die "Nassauischen Deutschen Länder Ottoischer Linie" wurde am 30.11.1772 wegen den stark verbreiteten Bettelgängen eine allgemeine Armenordnung erlassen. Die ländliche Armenpflege, die auf Siegen keinen Einfluss hatte, wurde nun Aufgabe der einzelnen Kirchspiele.

Die sogenannte "Fremdherrschaft der Franzosen über das Siegerland" begann im Oktober 1807. Sie lösten alle Räte auf und setzten einen M un izi pal rat ein, an deren Spitze der Maire stand. Ganz nach französischem Muster erschien das Gesetz über Wohltätigkeitsanstalten (Buveaus) am 03. November 1809. Dies sagte aus, dass die komplette Armenpflege den Gemeinden übertragen werde. Nach Beendigung der Fremdherrschaft übernahm die Regierung wieder ihre Rechte und hob die französischen Gesetze auf. Zu den Einrichtungen vor der französischen Herrschaft kehrte die Stadt Siegen zurück. Im übrigen Siegerland dagegen wurden Amts- oder Bürgermeisterei Armenverbände gebildet.

Die alte Geschlossenheit der Gemeinden wurde zu Beginn des 19. Jahrhunderts durch verbesserte Verkehrsverhältnisse durchbrochen. Ortsfremde ließen sich nun in den Gemeinden beliebig nieder, heirateten oder betrieben ein Gewerbe. Auf die Dauer konnte man den Gemeinden nicht zumuten Armenhilfe für solche zu leisten, die noch kein Heimatrecht in den Orten hatten. Dies wurde sehr unterschiedlich ausgelegt.

Aus diesem Grunde ist am 31. Dezember 1842 ein preußisches Reichsgesetz mit folgendem Hauptinhalt erlassen worden: "Es werden Orts- und Landarmenverbände gebildet. Zu unterstützen hat jede Gemeinde die Armen, die einen Unterstützungswohnsitz bei ihnen erworben haben! Persoen ohne

Unterstützungswohnsitz sind Landarme und werden von den Landarmenverbänden betreut."

Krankheit und Armut waren die größten Plagen in den Ortschaften und standen immer auf der Tagesordnung in den Gemeinden. So auch am 25. Januar 1853 in Dahlbruch. "In Anbetracht, dass die pflegebedürftige arme Marie-Elisabeth Stein immer älter und schwächer wird, erklärt sich Heinrick Hinkel bereit, für dieselbe Wohnung, Wandung (Bekleidung) und Beköstigung für das Jahr 1853 für fünfunddreißig Taler zu stellen. Sollte die Erkrankte bettlägerig werden, so werden die Nachbarn gebeten mit Suppen und kleinen Hilfeleistungen auszuhelfen".

Jahre später: "Die Witwen Jüngst und Jung müssen Jahr um Jahr einen Unterstützungsantrag stellen. In zähen Verhandlungen werden kleinere Beträge, 3 - 5 Taler, genehmigt. Frau Jung hat zwei Jahrzehnte Bettelgänge getan."oder 'Die armen Familien Vieth und Stutte, die von Dahlbruch verzogen, mussten weiter unterstützt werden. Den Prozess mit den Aufnahmegemeinden Netphen und Lütringhausen verlor Dahlbruch und wurde zur Zahlung gezwungen." usw.

Die Armut war so groß, dass in Siegen und verschiedenen Gemeinden des Kreises Armenärzte namentlich eingestellt bzw. benannt wurden. Siegen hatte 9 solcher Ärzte, darunter sogar 3 Sonderärzte. Um die Not zu lindern, hat die Siegener Armenverwaltung außerdem auf dem Hospital Land 151 Gärten, von 20 bis 30 Ruten, angelegt. Bei der Vergabe wurden besonders arme und kinderreiche Familien berücksichtigt.

Wenn auch der Reihenumgang, das sogenannte "Rundessen" als Unterstützungsform seit etwa 1900 nicht mehr üblich ist, so bleibt die gesetzliche und moralische Unterstützungspflicht gegen Armut auch über das Jahr 2000 hinaus bestehen.

Der Hornruf des Hirten erschallte noch

Unter allen Zweigen der Viehzucht musste man von je her der Rindviehzucht die größte Bedeutung zukommen lassen. Sie war nicht nur bei dem Landwirt, sondern auch bei Industriearbeiter und den Handwerkern auf dem Lande sowie den Ackerbrüdern in der Stadt anzutreffen. Im Jahre 1559 hatte Siegen bei einer Einwohnerzahl von 3000 Menschen weit über 900 Stück Rindvieh. Somit ist es auch nicht verwunderlich, dass zu Beginn des 20.Jahrhunderts noch das Hertengeläut sowie der Hornruf des Hirten in der Stadt Siegen, aber auch in allen anderen Orten unseres Heimatlandes ertönte.

Das rote einfarbige Höhenvieh war vorherrschend. Es stammte von dem Kreuzkopfiind ab und ist, soweit es sich zurück verfolgen lässt, immer hier gezüchtet worden. Durch die seit Jahrhunderte bestehende Haubergs-weide hatten sich diese Tiere an das hiesige bergige Gelände, das rauhe Klima und ans bescheidene Grünfutter des Niederwaldes, aber auch an die vielen Fahrdienste, die sie ausrichten mussten, gut angepasst und entwickelt. Am 12. Dezember 1894 wurde die Siegerländer Herdbuchsgenossenschaft gegründet, deren Hauptaufgabe es war, diese Viehtyp weiter zu verbessern und zu verbreiten. Bezirke der Kreise Brilon und Olpe sowie der Kreis Wittgenstein hatten sich auch der Zucht dieses Viehes zugewandt. 1911 wurde der Verband westfälischer Rotviehzüchter gegründet, der in Kreuztal seine Viehmärkte abhielt. Bei mäßigem Futter lieferte dieser Viehschlag eine mittlere Menge fettreicher Milch und ein hervorragendes Fleisch. Sehr wichtig war, dass sie auch als Zugtiere gut geeignet waren. Denn bei den vielen Kleinbetrieben konnten sich nur ganz wenige einen Fahrochsen oder gar ein Pferd leisten. Es haben seinerzeit 85% der Siegerländer Kühe Spannarbeit- auch im Hauberg- leisten müssen. Aus diesem Grunde ist es auch nicht verwunderlich, dass es bei uns die sogenannten Kuhjochschnitzer, die für die Fahrkühe die Stirnjoche schnitzten, gab.

Seit jeher war die Viehhaltung in unserer Heimat bedeutender, wie der bescheidene Ackerbau. Erwähnenswert ist, dass das Siegerland auf ein ha

Ackerland gerechnet die stärkste Viehhaltung von ganz Preußen hatte. Ausschlaggebend hierfür waren nicht nur die guten Wiesen, sondern die Weiden der Hauberge, die sonst nirgendwo so zahlreich waren. Es waren nur 14% der Gesamtfläche des Kreises Siegen Ackerland, der Reichsdurchschnitt dagegen lag bei 41%. Von den Rieselwiesen damals - das Stall Futter für den Winter, und von den Haubergs-Weiden - das Sommerfutter. Der Schälwald lieferte aber auch noch Streumaterial, in Form von Farnkraut, für den Stall. Bei fachgerechter Bewässerung der Rieselwiese war die Düngung so gut, dass der Heuertrag im nächsten Jahr in Menge und Qualität etwa ein drittel besser war, wie bei einer normalen Wiese. Bei einer Siegerländer Rieselwiese 0,3 bis 0,4 Hektar Futterfläche für eine Kuh. Im Reisdurchschnitt wurde mit der doppelten Fläche gerechnet. Im Siegerland kamen im Jahre 1563 auf 100 Einwohner 132 Stück Rindvieh, 1925 waren es 13,7 und 1950 nur 5,5. Diese rapide Abnahme ist durch das schnelle Anwachsen der Bevölkerung bedingt . So wohnten 1850 hier auf einem qkm 71 Personen, ein Jahrhundert später waren es 276 je qkm. Heute leben im Altkreis Sieen 391 Menschen je qkm, und im Durchschnitt werden von 100 Personen nur noch 2,6 Stück Rindvieh gehalten.

Im Siegerland ist einst Pionierarbeit für den kunstgerechten Wiesenbau geleistet worden. Selbst Fürst Bismark, der Gründer des Deutschen Reiches, ließ in den 1840er Jahren einen Teil seiner Wiesen durch Siegener Techniker ausbauen. Etwa 250 genossenschaftliche Wiesenverbände haben den Siegerländer Wiesenbau vorbildlich und berühmt gemacht. Er hat in seiner über 400 jährigen Geschichte viele Achtungserträge verbuhen können, aber der größte war Mitte Oktober 1853 mit Gründung der staatlichen Wiesenbauschule. Es war die erste Schule dieser Art überhaupt.

Ledige Karren bezahlten weniger Gebühr

Als um 1800 mit dem befestigten Straßenausbau im größeren Umfang begonnen wurde, erhob man für das Benutzen dieser "Kunststraßen" ab 1819 Chausseegeld. Im Gegensatz zu den damaligen Hohlwegen waren dies nämlich künstlich angelegte Straßen. Anfang der 1820er Jahre hatte es eine neue "Münz-Einteilung" gegeben. Aus diesem Grunde trat am 1. Juli 1822 ein neuer Chaussee-Tarif in Kraft, er sollte in der ganzen Monarchie diesseits und jenseits des Rheins, also auch im Siegerland, Anwendung finden.

Aus diesem Grunde wurden auf den neu erbauten Verbindungswegen Barrierestellen mit Schlagbäumen errichtet, wo die Benutzungsgebühr kassiert wurde. Für jedes passierende Stück Vieh wurde ein Betrag erhoben. Fohlen, Kälber, Ziegen, Schweine und "Schaafe" die einzeln unter fünf Stück geführt wurden, waren gebührenfrei. Aber auch für Karren und Kutschen jeder Art musste bezahlt werden. Waren die Räder sechs Zoll und breiter, brauchte nur die Hälfte entrichtet zu werden. Ein Zeichen, dass die Landstraßen zu dieser Zeit noch nicht gepflastert waren. Alle Fuhrwerke, die mit Kopfnägel beschlagen waren, die 1/2 Zoll und darüber vorstanden, zahlten den doppelten Tarif. War der Wagen "ledig" (leer) so verringerte sich die Gebühr gegenüber einem beladenen. Ein Fuhrwerk, welches nicht den vierten "Teil" seiner möglichen Ladung hatte, wurde wie ein unbeladenes behandelt. Auch der Postillion musste für seine Rosse, die er angespannt hatte, Mautgebühren bezahlen; nicht aber für die Personen, die er beförderte. Im Jahre 1957 fuhren täglich von Siegen zwei Personenpostkutschen und eine Schnellpost nach Köln, sowie zwei Personenkutschen nach Koblenz. Je ein Posten fuhr nach Netphen, Burbach, Hilchenbach, Laasphe und Gießen. Ebensoviele Postkutschen kamen aus diesen Orten in Siegen täglich an.

Chausseegeld wurde nicht erhoben von Kutschen und Wagen des Königlichen Hauses sowie von deren Pferde und "Maultiere". Ein Maultier war eine Kreuzung zwischen Pferd und Esel. Von Königlichen Kuries und den der fremden Mächte sowie von leer zurückkehrenden Postfuhrwerken. Aber auch von Wagen und Reitpferden, welche Regimenter beim Marsch mit sich führten, sowie von Wagen und Karren der Armee und von Offizieren zu Pferde im Dienste wurde nichts erhoben. Ackerbesitzer innerhalb der Grenze ihrer Gemeinde oder Feldmark sowie "Landräte" in ihrem Geschäftsbereich und Chaussebeamte waren gebührenfrei.

Im Anhang zum Chaussegeld-Tarif waren die Strafbedingungen für Vergehen. Sie bestanden aus 17 Paragraphen mit den einzelnen Strafgebühren. So durfte außer den Posten niemand, auch wenn er von der Abgabe befreit war, eine Zollstelle passieren ohne anzuhalten. Wer einen Schlagbaum eigenmächtig öffnete, verfiel in eine Strafe von drei "Thalern". Posten und Extraposten musste jedes Fuhrwerk auf Ruf des Hornes ausweichen. Die Karren hatten damals noch keine Bremse. Aus diesem Grunde waren zwei Taler Strafe fällig für den, "der mit der Kette und nicht mit dem Hemmschuh, hemmt." Wer beim Ackern nicht wenigstens zwei Fuß vom Grabenende blieb oder Holz so lud, dass es die Fahrbahn der Chaussee berührte, bekam Strafe.

Gut fünf Jahrzehnte nach Errichtung begann man diese sogenannten Mautstellen wieder langsam zu demontieren. Denn nun wurden Güter und Personen mit mehr wie zehnfacher Geschwindigkeit wie auf der Landstraße mit der Eisenbahn befördert.

Die Glöckner waren die ersten Lehrer

Die ersten geregelten Schulen im Siegerland entstanden, abgesehen von kleinen Anfängen, zur Zeit der Reformation. Graf Wilhelm der Reiche (1516-1559) ließ sie in den Hauptorten bauen. Es waren "lateinische Schulen". Um 1588 entstanden in jedem Kirchspiel die sogenannten "Kirchschielschulen", wo meistens der Glöckner Lehrer war. Diese Schulen wurden zu Beginn nur von Knaben aus wohlhabenden Familien besucht. Aber auch die "Fleckenschulen" gab es in den größeren Gemeinden.

Etwa um 1600 ließ Graf Johann der Ältere die ersten "Volksschulen" errichten. Sie hießen "deutsche Schulen" und sollten neben den anderen bestehen. Später sind dann alle lateinische Schulen im Siegerland, mit Ausnahme von Siegen, in deutsche Schulen umgewandelt worden. Unterrichtet wurde natürlich nur im

Winterhalbjahr und viel von dem Gelernten ist im Sommer wieder vergessen worden. Aus diesem Grunde wurde am 05. Mai 1621 eine frühere Verordnung für das Siegerland wiederholt: "Eltern sollen die Kinder, welche sie nicht zur Arbeit notwendig zu gebrauchen haben, besonders die, welche noch nicht das 7. und 8. Lebensjahr erreicht haben, auch Sommers in die Schule schicken, widrigenfalls dennoch dem Schulmeister sein Gebühr geben".

Der Dreißigjährige Krieg stoppte das aufblühende Schulwesen im Siegerland und der Unterricht ruhte. Als sich die Verhältnisse nach Kriegsende wieder gebessert hatten, begann für die Schulen ein neuer Anfang. Nun durfte jede Gemeinde eine eigene Schule bauen. Der Unterricht hatte bis jetzt in der Wohnung des Glöckners, in den Stuben der Eltern oder in einem gemieteten Räume stattgefunden. Nun richteten die Gemeinden Schulstuben ein. Häufig befanden sie sich im Gemeindehaus oder in einer Kapelle. Hieraus entstanden die sogenannten "Kapellenschulen". Anno 1664 erließ Fürst Johann Moritz eine wichtige Schulordnung für die Schulen seines Landes. Die Leistungen der Dorfschulen stiegen und die Kinder konnten bis zur Konfirmation bleiben. Damit hatten die Dorfschulen auch ihre Selbständigkeit erlangt.

Es waren immer noch Winterschulen. Die Lehrer wurden in öffentlichen Gemeindeversammlungen für das Winterhalbjahr gedingt bzw. gemietet. Der Lohn war sehr gering und bestand aus 7 bis 12 fl. (Floren) barem Geld sowie dem Kostreihenumgang. Es war der sogenannte Wandeltisch, wo der Lehrer jeden Tag in einem anderen Hause zu Gast war. Da der Lehrer die Kinder durch den Unterricht nur von der Arbeit abhielt, sahen die Bauern ihn als unnütz an. Das Essen fiel demnach aus und es kam oft zu Beschwerden. So hieß es u. a.: "Die Kinder können kaum im Lernen fortschreiten, wenn der Schulmeister mit Nahrungssorgen zu kämpfen hat". War zufällig der Hirte, der ja auch so beköstigt wurde, am gleichen Tage wie der Lehrer im selben Hause, so bekam er zum Kaffee ein Stück Zucker, der Lehrer aber nicht. Dem Hirten vertraute man schließlich das größte Vermögen, was man hatte, das Vieh an.

Der "Dinglehrer" verstand meistens auch noch ein Handwerk, was er versuchte in der Sommerzeit auszuüben. Aber auch bei einem Bauer verdingte er sich in dieser

Zeit. Die Lehrer waren oft ohne jegliche pädagogische Ausbildung. Neben Fibel, Katechismus, Gesangbuch und Bibel gehörte der Stock zu den wichtigsten Unterrichtsutensilien. Ja, man bediente sich sogar verschiedener Stockarten. Die damaligen Schulen in unserer Heimat waren oft eine rein kirchliche Angelegenheit.

Mit Wilhelm dem VII begann für die Schulen Mitte des 18. Jahrhunderts eine ruhigere Entwicklung. Auch wurden nun Mädchen zum Schulbesuch angehalten. Das Schuljahr begann Anfang Oktober, einen Monat früher als bisher. Es wurden Versäumnisse bestraft und Schullisten geführt. Das Gehalt des Lehrers wurde besser geregelt und erhöht. Aber auch Kopf- und Tafelrechnen, Rechtschreibung und vierstimmiger Gesang kamen als Unterrichtsfächer hinzu.

Die Schulen haben immer wieder unruhige Zeiten, so auch bei der Gegenreformation, im Siegerland durchstehen müssen. Dies ist bis zum heutigen Tag geblieben. Leider konnte deswegen im Schulwesen nicht alles reifen, was weitsichtige Männer gesät und gepflanzt hatten. Die Volksschulen haben mit Abstand den weitaus größten Anteil in unserem Schulsystem gestellt. Ende 1864 hatten wir im Siegerland 92 evangelische und 24 katholische öffentliche Volksschulen. In ihnen unterrichteten 98 ev. und 26 kath. Lehrer, die 8.454 ev., 1671 kath. und 16 andersgläubige Schülerinnen und Schüler. Mithin musste jede Lehrkraft 81 Kinder betreuen. Die Schulpflichtigen betrugen damals 19,3 % der Bevölkerung. 50 Jahre später, im Juni 1913, waren im Kreis Siegen 139 öffentliche Volksschulen, davon 108 ev. und 31 kath. Hierin wurden 18.197 ev. und 3.750 kath. Kinder von 446 Lehrpersonen unterrichtet. Hiervon waren 372 ev. und 74 kath. Wenn sich die Klassenstärke gegenüber 1864 auch gewaltig verringert hatte, so kamen immerhin noch 49 Kinder auf eine Lehrkraft.

More
Books!

OMNIScriptum